Vida y costumbres de los pueblos

DEL CARIBE
Y LA AMAZONIA

Vida y costumbres de los pueblos

del Caribe y la Amazonia

Álvaro Cruz García

Copyright © EDIMAT LIBROS, S. A.
C/ Primavera, 35
Polígono Industrial El Malvar
28500 Arganda del Rey
MADRID-ESPAÑA
www.edimat.es

*Los textos y las opiniones expresadas en la presente obra
son responsabilidad exclusiva de su autor.*

ISBN: 978-84-9764-837-0
Depósito legal: M-9702-2007

Colección: Vida y costumbres en la Antigüedad
Título: Vida y costumbres de los pueblos del Caribe y la Amazonia
Autor: Álvaro Cruz García
Coordinación de la colección: Felipe Sen / Álvaro Cruz
Diseño de cubierta: El Ojo del Huracán
Impreso en: COFÁS, S. A.

IMPRESO EN ESPAÑA – *PRINTED IN SPAIN*

ÍNDICE

INTRODUCCIÓN

La primera y la última frontera. Éste es el título que podría haber llevado este libro, puesto que a lo largo de las páginas que siguen se hablará de pueblos y culturas que han sufrido, y en algunos casos continúan haciéndolo, la penetración exterior, la pérdida de su identidad, cuando no la desaparición física.

La primera parte del volumen se refiere a los pueblos que habitaron en el área Caribe, los primeros pueblos amerindios de los que se tuvo noticia en Europa. Son, por ello, la primera frontera. Extinguidos pocas décadas después de la llegada de Colón a tierras americanas, de sus culturas contamos con numerosos datos que nos permiten confeccionar una reconstrucción precisa, gracias a la existencia de impagables documentos y crónicas de la época. Fray Ramón Pané, Colón, Las Casas y algunos otros dejaron en sus escritos vívidas descripciones de las formas de vida de los pueblos que habitaron las islas antillanas, principalmente de dos de ellos, los más evolucionados desde el punto de vista cultural: taínos y caribes.

La existencia de crónicas, escritas en ocasiones por testigos directos, nos permite acercarnos de manera precisa, con las lógicas limitaciones, a la manera en que vivieron estos pueblos ya desaparecidos, a sus costumbres y rituales, a su aspecto físico y su alimentación. Por este motivo, por disponer de estas crónicas, se han intercalado en el texto, siempre que ha sido considerado pertinente, los relatos de los testigos, de quienes vivieron con estos pueblos o de quienes conocieron datos de primera mano. De entre los grupos de la región, el autor de este volumen ha elegido principalmente para su descripción a los taínos, pues éstos fueron quienes conformaron una sociedad culturalmente más compleja y evolucionada y, por tanto, de quienes más noticias nos han llegado hasta la actualidad.

Cerrada la primera frontera indígena, la última aún permanece abierta. En ninguna parte de América como en la Amazonia se mantienen vivas tantas tradiciones y culturas, tantas lenguas indígenas aún en uso. La Amazonia, una gigantesca extensión de terreno, ha sobrevivido a la penetración exterior gracias a un medio ambiente en buena medida hostil, en el que no se desarrollaron grandes reinos ni ciudades que atrajeran la atención de conquistadores, colonos o buscadores de fortunas. La inmensidad de su territorio ha provocado que, a pesar de que en los últimos tiempos se ha llevado a cabo una sistemática destrucción de su medio ecológico, aún queden extensas áreas en las que sobreviven, perfectamente adaptadas al medio, numerosas poblaciones nativas. La tendencia, con todo, es negativa, pues las culturas amazónicas desaparecen a un ritmo acelerado, engullidas por el trepidante avance de la cultura occidental. Por este motivo, son numerosos los esfuerzos que desde hace algún tiempo se están realizando no sólo por preservar la Amazonia desde un punto de vista ecológico, sino también cultural.

En este sentido, la labor de antropólogos y etnólogos resulta impagable, ya que luchan denodadamente por estudiar, divulgar y mantener vivo el legado cultural indígena. La segunda parte de este volumen, pues, se apoya fundamentalmente en el conocimiento transmitido por los modernos investigadores, pues los pueblos de los que se habla, al contrario que los del Caribe, permanecen aún en buena parte entre nosotros. Las descripciones etnográficas sobre los pueblos de la Amazonia son numerosas, lo que ha servido como ayuda inestimable para confeccionar este volumen. En algunos casos se han utilizado datos procedentes de crónicas antiguas e, incluso, para completar la descripción, se ha aludido a pueblos que, aunque no forman parte del área amazónica en sentido estricto, comparten con ésta numerosos rasgos culturales.

Primera y última fronteras. Si el Caribe fue el lugar por el que las culturas indígenas americanas comenzaron a retroceder frente al avance exterior, el Amazonas es actualmente el último gran reducto de los pueblos amerindios. En medio, entre ambas áreas, quedan las grandes culturas maya, azteca e inca, que supusieron la cima de las realizaciones culturales prehispánicas. Ni los pueblos del Caribe ni los del Amazonas alcanzaron el mismo nivel de desarrollo ni de complejidad, pero sí que fueron —y aún son— capaces de crear unas culturas originales, únicas e irrepetibles. Sirva el presente volumen como tributo a estos pueblos, en buena medida, olvidados.

A Malena y Álvaro,
que a todo dan sentido.

CAPÍTULO PRIMERO

LOS PUEBLOS DEL CARIBE: LOS TAÍNOS

El medio ambiente antillano. El Caribe es, desde el punto de vista arqueológico e histórico, una vasta área cultural que va desde las costas nororientales de Sudamérica hasta la actual Belice, incluyendo el llamado *arco antillano*, esto es, las islas que comunican el litoral venezolano con el sur de la península de la Florida, que se dividen en Antillas Mayores —Cuba, Santo Domingo, Jamaica y Puerto Rico— y Antillas Menores —Trinidad-Tobago, Granada, San Vicente, Barbados, Santa Lucía, Martinica, Dominica, Guadalupe, María Galante, Antigua, San Martín y Santa Cruz—. Es preciso incluir en esta enumeración a las Bahamas o Lucayas.

Esta extensa región está conformada principalmente por tierras bajas tropicales, cuyos densos bosques son alimentados por unas abundantes precipitaciones anuales y una elevada humedad ambiental, favorecida por el calor que genera su latitud ecuatorial. La zona por la que se extiende el arco antillano queda comprendida entre los 10 y los 23° latitud norte y entre los 60 y los 85° longitud oeste; en total, desde el extremo del cabo San Antonio, en Cuba, hasta la pequeña isla de Aruba, frente a la península venezolana del Paraguaná, las Antillas se extienden a lo largo de una línea de 4.700 km. En total, la superficie que ocupan es de sólo

225.000 km^2, de los que el 90 por ciento corresponden a las islas de Cuba, Santo Domingo, Jamaica y Puerto Rico.

A pesar de estar englobada como un conjunto, la región antillana es muy heterogénea, con una gran variedad de paisajes y formas de vida. A las diferencias que existen entre una isla y otra hay que añadir los contrastes que hay entre las diferentes partes de una misma isla. La heterogeneidad paisajística está provocada, principalmente, por la diversidad geológica, manifestada en muy diversas formas de relieve. Mientras que los macizos montañosos de las islas mayores son de gran antigüedad, las numerosas islas menores son más recientes y de origen volcánico. Algunas islas son llanas y calcáreas, mientras que otras tienen una génesis exclusivamente volcánica.

La mayor variedad se da en las Antillas Mayores, en las que el paisaje incluye llanuras y macizos montañosos, sedimentos marinos y volcanes de gran antigüedad. Algunas cordilleras y macizos alcanzan los 3.000 metros de altitud, como la Sierra Maestra (Cuba), Montaña Azul (Jamaica) o algunas cumbres de Haití y Puerto Rico. Existen también profundas fosas, como las de Lago Enriquillo (República Dominicana) o Étang Saumâtre (Haití).

A la diversidad morfológica es preciso añadir la variedad climática, siempre dentro de unos parámetros tropicales para toda el área. Las diferencias de latitud provocan estas diferencias, que hacen que existan períodos secos más pronunciados en las islas situadas al norte que en las del sur. De igual modo, en las islas cercanas a la costa venezolana reina un clima subárido.

Además de la latitud, los vientos y la altura son también factores importantes. Los alisios, vientos provenientes del noreste, hacen más lluviosas las costas del nordeste y del este. Los huracanes, vientos típicos de la zona, se forman a finales de la estación estival y pueden alcanzar los 250 km/h. Por lo que respecta a la altura, las llanuras costeras reciben una precipitación anual de 2.000 milímetros, mientras que en las elevadas pendientes volcánicas se alcanzan los 3.000.

El relieve influye en las precipitaciones, de forma que donde no hay una orografía elevada, como en las islas volcánicas bajas, no se condensan las nubes y el clima resulta ser más seco. Esto hace que en una distancia de pocos kilómetros se puedan encontrar tanto zonas áridas como húmedas.

La variedad de condiciones climáticas da lugar a una gran heterogeneidad vegetal. Así, es posible pasar del denso bosque tropical, con una muy abundante vegetación, a extensiones desoladas. Algunas zonas concretas, como la Cordillera dominicana o la Sierra Maestra cubana en su lado sur, albergan espesos bosques de pinos, no habituales en zonas tropicales.

A pesar de las diferencias señaladas, las islas de las Antillas guardan entre sí innegables semejanzas. En las zonas de llanura siempre predomina el clima cálido y húmedo, con un cielo nuboso y la brisa de los alisios soplando constantemente, excepto en la estación de las lluvias. En las épocas cálidas del año se está a expensas de la llegada de los ciclones.

Por lo que a la vegetación se refiere, pese a la variedad existente de especies vegetales se puede concluir que siempre se repiten las mismas familias botánicas, de forma que todas las regiones pantanosas están dominadas por los manglares. Estos manglares fueron de gran importancia para la subsistencia de los grupos seminómadas que poblaron la región en tiempos remotos. Los bosques, habitados por una variada fauna acuática, terrestre y aérea, fueron una importante fuente de abastecimiento para las poblaciones de grupos recolectores, lo que hizo posible su presencia en los mismos lugares durante miles de años.

Para concluir con la fauna, es preciso decir que las especies terrestres son escasas, compuestas tan solo por insectívoros, roedores, perros, iguanas y algunas tortugas. La inexistencia de grandes animales de tierra es destacada por los primeros cronistas. La escasez de animales terrestres hizo que las poblaciones nativas se volcaran en la explotación de los recursos acuáticos. En las aguas de mayor profundidad, los nativos se podían proveer de delfines, pargos, atunes o meros, mientras que en las de menor calado pescaban peces como loro vieja, navajón o varias especies de parga y mero. En las desembocaduras de los ríos capturaban entre otras especies róbalo, tarpón, bagre o corvineta. También las playas proveían de alimentos, pues en ellas se podían capturar tortugas y algunas aves. Finalmente, se explotaban las aguas del interior, en las que se pescaban especies de agua dulce, tortugas y aves.

El primer poblamiento. La costa caribeña continental, tanto en Centroamérica como América del Sur, estuvo ocupada desde muy temprano por grupos recolectores, que aprovecharon los recursos vegetales y animales que brindaban las desembocaduras de los ríos, fundamentalmente los manglares. La presencia humana en estos territorios tiene fechas muy antiguas, como el año 9000 a.C. para Belice o el 6000 a.C. para Nicaragua o el litoral colombiano. La región de la desembocadura del Orinoco pudo comenzar a ser poblada entre los años 7000 y 6000 a.C.

Belice y Centroamérica, al decir de algunos especialistas, parecen ser los posibles puntos de partida desde los que salieron los primeros pobladores de las Antillas, en una fecha cercana al 4000 a.C. Se trataría todavía de gentes preagricultoras, con un material lítico relativamente poco desarrollado y en las que la actividad de subsistencia principal pudo ser la recolección de mariscos en las playas, especialmente bivalvos, aunque también debieron de alimentarse con animales terrestres de pequeño tamaño. Estos primeros habitantes han sido llamados barreroides o mordanoides por los arqueólogos, y utilizaban el sílex como material lítico con el que realizar instrumentos. Sus primeros lugares de asentamiento debieron ser el este de Cuba y el oeste de La Española —actual Santo Domingo—, desde donde se extendieron a Puerto Rico y a la isla de Antigua, en las Pequeñas Antillas.

Algo más tarde debieron producirse migraciones desde la costa este de Venezuela y, fundamentalmente, desde la

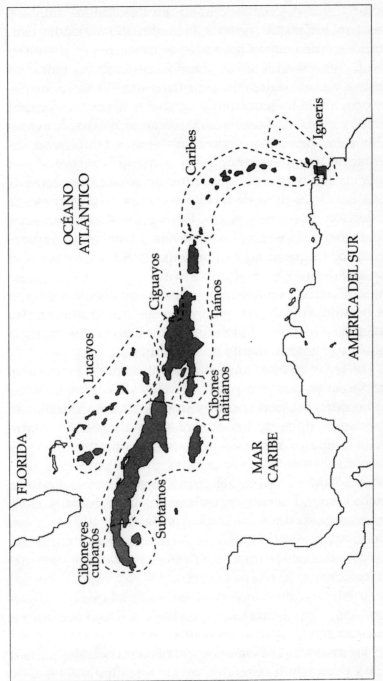

Culturas prehispánicas del área Caribe.

isla de Trinidad, estando datados en Puerto Rico entre los años 3900 y 2500 a.C. Se trata de gentes, denominadas banwaroides, que ocupan las zonas de manglares y los estuarios de los grandes ríos, estando presentes en todas las Antillas y adaptándose de maneras muy diversas al medio que ocupan. El material que aportaron estos nuevos grupos resulta ya más evolucionado, integrando morteros, manos de mortero, anzuelos o pesas para redes. También su alimentación era más compleja y variada, practicando la pesca en alta mar, en la que capturaban animales como el manatí o varios tipos de tortugas, la caza de caimanes o la recolección de frutos y raíces. Estos grupos, culturalmente más desarrollados que los anteriores, habitan en campamentos o abrigos junto a su principal fuente de recursos, el mar, que dejan para trasladarse a otro lugar de explotación. Antes de partir a un nuevo lugar de asentamiento entierran sus herramientas líticas para no tener que transportarlas También se ha constatado que practicaban la deformación craneal y el enterramiento de los difuntos.

Un tercer grupo migratorio es el llamado hibridoide, caracterizado por compartir con los dos anteriores un mismo esquema poblacional y usar de manera combinada los mismos tipos de herramientas. Finalmente, la cuarta oleada migratoria, la más tardía, está compuesta por los elementos llamados manicuaroides, provenientes del oriente venezolano y cuya característica principal es el uso de la concha como materia para realizar sus instrumentos. Estas gentes comenzaron su migración hacia el año 1800 a.C., y se detecta su presencia en Cuba y La Española a partir del 1200 a.C. Realizaron anzuelos de hueso para la pesca y fueron expertos en el uso de la canoa.

La introducción de la agricultura. Al igual que con la primera etapa de poblamiento de las islas, la llegada de grupos que practican la agricultura parece producirse desde procedencias diversas. Los expertos sitúan como posibles focos el norte y el este de Sudamérica, siendo este último el lugar de partida más importante. Los grupos que pasaron a las Antillas desde Venezuela y el este de Sudamérica alcanzaron primero la isla de Trinidad, desde donde pasaron a otras islas hacia el siglo IV a.C.

Estos grupos cultivaban el que va a ser el principal producto alimentario de la historia prehispánica de las Antillas: la yuca amarga o mandioca. Se trata de gentes de filiación arawaka, habituadas a explotar los recursos que ofrece el sistema de selva tropical y que alcanzan la isla de Puerto Rico en el siglo II a.C. Esta cultura, llamada saladoide, buscó entre los siglos IV a.C. y V d.C. sitios de poblamiento cercanos al mar, dejando de practicar poco a poco el destructivo sistema de cultivo de tala y quema del bosque e incrementando la recolección y los recursos marinos.

La forma en que estos grupos saladoides se extendieron desde Sudamérica a las Antillas parece responder a un proceso de segmentación, según el cual cuando una zona de bosque quedaba agotada debido al sistema de tala y quema y el incremento demográfico, los grupos se dividían y colonizaban nuevas tierras, formando nuevos poblados que, no obstante, compartían un patrón cultural común. Para paliar el agotamiento de los recursos del bosque tropical poco a poco intensificaron la obtención de alimentos por otros medios, como la recolección o la pesca. Estas poblaciones ocupan viviendas redondas y construyen *malocas* o grandes residencias. Los enterramientos se realizan en general fuera de las casas, con ofrendas de piedras semipreciosas. Practicaban también la deformación craneana e importaron a las Antillas la alfarería, elaborando amuletos e ídolos relacionados con el cultivo de la yuca, unos elementos que estarán presentes mucho más tarde en la cultura taína.

Hacia el siglo VII surge una nueva cultura, llamada ostionoide, nacida en el occidente de Puerto Rico y que muy pronto se expande por Santo Domingo, Cuba y Jamaica, circunscribiéndose a las Antillas Mayores. Los ostionoides son los antecesores de los taínos más importantes, teniendo una sociedad bastante evolucionada. Practicaban el cultivo de tala y quema, además de la recolección, la caza y la pesca, pero su mayor aportación es el cultivo en montículos, una práctica productiva que será fundamental para los taínos y que explicamos en el apartado correspondiente. Los ostionoides construyen grandes espacios ceremoniales y desarrollan el juego de pelota o *batey* (siglos VIII o IX, en el sitio Las Flores, Puerto Rico). Habitan en grandes viviendas o *bohíos* y están en condiciones de producir un excedente agrícola, lo que puede significar un mayor desarrollo en la estratificación social, es decir, una sociedad en proceso hacia una organización de jefatura o cacicazgo. Por último, los ostionoides fabrican ya algunos elementos de uso ritual que también aparecerán entre los taínos, como los inhaladores de alucinógenos.

Los pobladores del Caribe en el siglo XV. Cuando llegan los españoles a las Antillas se encuentran con diversos grupos culturales que tienen grados de desarrollo diversos. Los más avanzados culturalmente hablando son los taínos, cuyos aspectos fundamentales de la vida cotidiana se expondrán en las páginas siguientes. Pero estos no son, desde luego, la única sociedad implantada en las Antillas. Junto a los taínos coexisten otros grupos, como lucayos, ciboneyes o caribes, entre otros, de algunos de los cuales es preciso ofrecer una pequeña explicación, a fin de completar el cuadro en el que hubieron de desenvolverse los taínos. Hablaremos, pues, de pueblos vecinos, con los cuales, en no pocas ocasiones, compartieron rasgos y elementos culturales. Especial atención dedicaremos a los caribes, que las fuentes describen como extremadamente belicosos y cuyas incursiones en territorio taíno en busca de esclavos debieron resultar frecuentes.

Los macorijes habitaron buena parte de la zona central de Santo Domingo y el este de la isla Cuba. Como los taínos, este grupo debe ser ubicado entre los siglos IX y XVI, relacionándose sus alfarerías con el llamado estilo Meillac y hablando una lengua diferente a la de los taínos. Desde el siglo XIII comienza a producirse la mezcla de elementos taínos y macorijes, una mezcla que se da en Santo Domingo y en la costa norte de Haití y que se extiende por las Bahamas y Cuba. En esta última isla a los elementos resultantes de la fusión de taínos y macorijes se les llama sub-taínos.

Otro grupo importante fueron los ciguayos, ubicados en la parte nordeste de Santo Domingo y con quienes Colón contacta durante su primer viaje. Las crónicas afirman que hablaban una lengua diferente a la de macorijes y taínos, que llevaban el cuerpo pintado de negro y los cabellos largos y con redecillas. Usaban unos arcos grandes, al estilo de los utilizados por los grupos caribes, instalados en las Antillas Menores, lo que parece indicar algún tipo de relación.

Los ciboneyes, un tercer grupo vecino de los taínos, venían habitando la isla de Cuba al menos desde el año 3000 a.C., practicando fundamentalmente la recolección, la caza y la pesca. Los lucayos, habitantes de las Bahamas, podrían ser culturalmente sub-taínos en transición hacia el taíno, lo que parece expresarse en su cerámica. Los igneris habitaron la isla de Trinidad, las Islas Vírgenes, Puerto Rico y la República Dominicana. Se trata de indios arawakos, que pasaron desde Sudamérica hasta Trinidad antes de que lo hicieran los caribes, elaborando una cerámica pintada de blanco y rojo.

Los caribes, para acabar de completar esta descripción, fueron junto con los taínos el pueblo más importante culturalmente hablando de cuantos encuentran los españoles. Al igual que ocurre con los taínos, hallamos numerosas referencias sobre ellos en las fuentes. Los caribes fueron el último pueblo en llegar a las Antillas, procedentes de los litorales oriental y central de Venezuela, lo que ocurrió en diversas oleadas a partir del siglo XI. Su dominio de la navegación de cabotaje les permitió efectuar incursiones en las islas de las Antillas Menores y este de Puerto Rico para raptar mujeres que trabajasen sus campos y prisioneros que eran sacrificados ritualmente y devorados. Esta cuestión, la de la antropofagia, es la que más llamó la atención de los españoles. A ella dedican numerosas referencias, lo que ha hecho pensar desde entonces que debió ser una práctica generalizada. Sin embargo, parece ser que las noticias e informes sobre el canibalismo fueron exagerados, pues el mismo Colón estuvo muy interesado en comparar a los sumisos y dóciles taínos con los bárbaros y salvajes caribes. No obstante esto, el canibalismo era practicado por estos últimos, debiendo relacionarse con cuestiones rituales y quizás propagandísticas, pues resultaba una manera eficaz de amedrentar a los enemigos para poder así capturarlos más fácilmente.

Los caribes eran, desde luego, un pueblo belicoso, realizando frecuentes incursiones o *razzias* en las islas vecinas para proveerse de esclavos y botín. Al decir de las crónicas, *en cuanto sus hijos pueden estar de pie y andar, les dan un arco en la mano, para que aprendan a disparar saetas.* Sus canoas, llamadas piraguas, podían albergar entre 40 y 50 hombres, y en ellas se desplazaban con una habilidad y rapidez asombrosas. En permanente estado de guerra, utilizaban como armas *arcos de tejo, casi tan grandes como los usados en Francia e Inglaterra; las flechas son de tallos que producen las cañas en la punta donde echan la semilla, los cuales son macizos y muy derechos, por largura de un brazo y medio; y arman la extremidad con un palillo de una cuarta y media de largo, agudo y tostado al fuego, en cuya punta hincan un diente o una espina de pez, con veneno.*

La guerra era la actividad principal de los caribes, siendo el medio a través del cual se proveían de mano de obra esclava y prisioneros para el sacrificio. A la llegada de los españoles se encontraban en plena expansión, causando verdadero pavor entre los nativos de otras islas. Sin duda, las incursiones de los caribes entre los taínos debieron producir un efecto demoledor, pues *llevan caracoles grandes, que suenan*

mucho, a manera de bocinas, y también atambores y muchos pena-
chos muy lindos y algunas armaduras de oro, en especial unas pie-
zas redondas, grandes, en los pechos y brazales, y otras piezas en
las cabezas y en otras partes de las personas (...).

Como se dijo, las mujeres capturadas se dedicaban a trabajar el campo como esclavas y también a la alfarería, lo que hace que no exista una verdadera cerámica caribe, pues los motivos y técnicas utilizados pertenecían a sus grupos de origen. Las mujeres tenían un valor económico pues, al decir de Pedro Mártir de Anglería, *el comerse a las mujeres es entre ellos ilícito y obsceno, pero si cogen algunas jóvenes las cuidan y conservan para la procreación. A las viejas las tienen por esclavas para que les sirvan.*

Las fuentes indican que el destino de los hombres era muy distinto, ya que *a los niños que cogen, los castran para engordarlos y cuando se han hecho grandes y gordos, se los comen; pero a los de edad madura, cuando caen en sus manos, los matan y los parten; los intestinos y las extremidades de los miembros se las comen frescas, y los miembros los guardan para otro tiempo, salados.*

Para consumir la carne de los sacrificados se cocía *con carne de papagayo y de pato, y* [encontraron] *otras puestas en los asadores para asarlas.* En una ocasión, los españoles hallaron en una vivienda *un brazo de hombre puesto al fuego en un asador.*

Aparte de estos datos, completaremos la descripción de los caribes diciendo que muchos de sus rasgos culturales eran similares a los de la cultura taína, que son los que se expondrán en las páginas siguientes. Sus actividades de subsistencia principales eran la agricultura, la caza, la pesca y la recolección de frutos, raíces y bayas. Sus casas eran parecidas a las taínas, aunque según las crónicas podían estar mejor acomodadas que éstas, encontrándose allí los españoles *papagayos grandes, miel, cera y hierro, del que tenían pequeñas hachas con las que cortan, y telares como de tapices, con los cuales tejen tela.* Como los taínos, inhalaban polvos alucinógenos para uso ritual, y muchas de sus palabras muestran influencia de la lengua arawaka, lo que puede significar que arawakos y caribes pudieron provenir de un tronco cultural común cuyas raíces hay que buscarlas en Sudamérica. Desde el punto de vista social, sin embargo, es posible afirmar que los caribes se encontraban algo menos evolucionados que los taínos, no habiendo alcanzado el rango de jefatura, pese a la existencia de una cierta estratificación social. También se sabe que su ceremonial religioso debió ser menos elaborado que el taíno, pese a hallarse en ambos un elemento ritual muy importante para su sistema de creencias, como es el *duho*. Ya se ha explicado en páginas precedentes cómo los caribes aterrorizaban a las poblaciones vecinas, entre ellas a los taínos, mediante sus incursiones en busca de esclavos. Sin embargo, es posible también que en ocasiones mantuvieran relaciones comerciales. Ambas formas de contacto ayudan a explicar la fuerte presencia en la cultura caribe de rasgos taínos, sin duda la principal sociedad en el área caribeña a la llegada de los españoles.

Los taínos. Completado el panorama referente a la historia cultural prehispánica del área Caribe y de los distintos pueblos que la ocupaban en el siglo XV, cuando se produce la llegada de los españoles, pasaremos ahora a exponer unas someras líneas sobre la principal y más evolucionada cultura de la región, la taína. Las líneas que siguen servirán a modo de introducción, exponiéndose con mayor detalle en los capítulos siguientes las características principales de la vida cotidiana de los taínos.

Generalmente, los historiadores y arqueólogos han denominado cultura taína a los nativos que habitaron parte de Puerto Rico, Cuba y Santo Domingo, una idea que hoy aparece equivocada, al menos en parte. Los taínos no fueron el único pueblo que habitó las Antillas Mayores, pues coexistían con otras gentes de cultura y lengua distintas, con modos de vida diferentes. Sí fueron, sin embargo, quienes alcanzaron un grado de desarrollo más complejo, asimilando y adaptando de manera exitosa experiencias culturales de los grupos que les habían precedido. Los taínos que hallaron los españoles a su llegada a las islas fueron el único grupo que había alcanzado en su organización política el grado de jefatura, frente a otros, organizados en bandas. Sus sociedades estaban bastante más estructuradas que las de sus vecinos, con una clara división del trabajo y una jerarquía muy definida. Su modo de subsistencia principal era ya la agricultura, cuyo producto era complementado con lo obtenido por la caza, la pesca o la recolección. El dominio de las técnicas agrícolas les permitió acumular excedentes que iban destinados al sostenimiento del grupo dirigente y del aparato ritual. Los taínos, pues, habían logrado un relativo alto grado de desarrollo y complejidad cultural, en modo alguno comparable al de las altas culturas de Mesoamérica y los Andes pero desde luego más evolucionado que los grupos de cazadores-recolectores que poblaban la mayor parte del continente americano en el siglo XV.

La cultura taína probablemente surgió en la costa sur de Santo Domingo, como una evolución local de grupos arawacos a partir de las culturas ostionoides. Desde esta costa sur se expandió hacia el oeste y el este de la isla, pasando después a las islas Vírgenes y Puerto Rico, por un lado, y al este de Cuba, las Bahamas y Jamaica, por otro.

El 12 de octubre de 1492 Colón y sus hombres tocaron por vez primera, sin saberlo, el continente americano en las islas Bahamas o Lucayas, explorando después la costa este de Cuba y Santo Domingo, donde llegó el 5 de diciembre. La palabra *tayno* o *taino* la escucharon los españoles por vez primera en la costa norte de Santo Domingo, debiendo formar parte del lenguaje arawako que hablaban los grupos nativos cuyo gobernante era el cacique Guacanagarí. *Taíno*, según Pedro Mártir, quería decir *hombre bueno* o *noble*, como nos indica también el médico del segundo viaje colombino, Diego Álvarez Chanca, quien escuchó esta voz en la isla de Guadalupe:

Este día primero que allí descendimos andaban por la playa junto con el agua muchos hombres y mujeres mirando la flota y maravillándose de cosa tan nueva, y llegándose alguna barca a tierra a hablar con ellos, diciéndolos tayno, tayno, que quiere decir bueno (...).

Son precisamente las fuentes españolas la principal herramienta del historiador en el estudio de la cultura taína. Cristóbal y Hernando Colón, fray Ramón Pané, los citados Pedro Mártir o Álvarez Chanca, fray Bartolomé de Las Casas o Fernández de Oviedo nos dejaron relaciones y escritos con numerosos datos acerca de los pobladores de las Antillas y, especialmente, de los taínos. La información que ofrecen es sumamente valiosa, pues a veces se trata de testigos que pudieron presenciar con sus propios ojos a los taínos, convivir con ellos. Sin embargo, los datos que ofrecen están en no pocas ocasiones plagados de inexactitudes, juicios de valor, contradicciones e intereses, pues fueron escritos desde la óptica y con la mentalidad de un europeo de los siglos XV y XVI. Los escritos de los cronistas, pues, deben ser vistos como una fuente de información muy útil que, no obstante, es preciso examinarla de manera minuciosa. Afortunadamente disponemos, especialmente en los últimos años, de otra herramienta de trabajo, la arqueología, cuya objetividad y rigor resultan imprescindibles para la reconstrucción de culturas pasadas, como es el caso de la taína.

Por desgracia los taínos, como el resto de pueblos nativos del Caribe, quedaron extinguidos muy pocas décadas después de la llegada de los españoles, tal como se detalla en el anexo de este capítulo titulado *La extinción de los taínos.* En la actualidad, no son pocos los estudiosos que intentan rescatar y difundir este valioso pasado. Modestamente queremos contribuir a este esfuerzo aportando las páginas que siguen.

Recursos y medios de subsistencia

Las sociedades taínas basaron su supervivencia de modo principal en la agricultura, aunque la caza, la recolección y la pesca servían para complementar la dieta.

El grado de desarrollo alcanzado por los taínos en este aspecto fue notable, permitiéndoles alcanzar excedentes productivos que fueron dedicados a mantener a una clase especializada, la dirigente, formada por caciques, nobles y especialistas religiosos. Los instrumentos, técnicas y conocimientos agrícolas de los taínos fueron probablemente aprovechados de grupos anteriores, aunque sin duda también los perfeccionaron, permitiéndoles intensificar la producción de alimentos y obteniendo mejores rendimientos. Los taínos supieron beneficiarse de la experiencia acumulada por los grupos precedentes y contemporáneos con respecto a cuestiones como cuáles eran los cultivos adecuados para según qué lugares, lo que les permitía adaptarse perfectamente a cualquier medioambiente. Gracias a estos saberes podían, por ejemplo, dedicar un determinado lugar exclusivamente a un cultivo concreto o, por el contrario, abandonar su producción si las condiciones no resultaban favorables.

Del mismo modo, su conocimiento del medio ecológico les permitió especializar el trabajo en algunos lugares y tejer una red comercial de intercambio, que abastecía a los poblados de productos de los que carecían. Algunas aldeas dedicaban su esfuerzo casi exclusivamente a un solo producto, que después intercambiaban con otros centros, consiguiendo así acceder a bienes de los que carecían. En el sitio de La Unión, al norte de Santo Domingo, varios poblados de pescadores producían para una red de intercambio taína. El comercio, desconocida la moneda, se realizaba por trueque y, al decir de las crónicas, no resultaba igualitario, pues *en estas islas conmutaban sus cosas largamente de esta manera: que si yo tenía una cosa, por preciosa que fuese, como un grano de oro que pesase cien castellanos, les daba por otra que no valía sino diez.*

Sin duda el cronista se asombraba del intercambio de objetos que, para él, tenían un valor desigual, opinión que, sin embargo, no era compartida por los indígenas, a los que sólo les interesaba adquirir algo que estimaban por ser muy extraño para ellos. A este respecto, Hernando Colón nos ofrece una anotación muy interesante:

Es, sin embargo, de advertir, en este caso, que la liberalidad que mostraban en el vender no procedía de que estimasen mucho la materia de las cosas que nosotros les dábamos, sino porque les parecía que por ser nuestras, eran dignas de mucho aprecio, teniendo como hecho cierto que los nuestros eran gente bajada del cielo, y por ello deseaban que les quedase alguna cosa como recuerdo.

Con respecto a las técnicas productivas, existen evidencias de que hacia el siglo x los taínos habían experimentado un gran empuje demográfico, algo sin duda posible gracias al dominio de los sistemas de explotación agrícola.

La agricultura. Los taínos utilizaron un instrumental simple que, no obstante, resultaba suficientemente funcional y permitió generar alimentos en cantidad suficiente como para mantener a una población densa. La agricultura se centró en la producción de carbohidratos, acentuando el cultivo de raíces de zona tropical. Entre los granos, muy importantes para otras civilizaciones, sólo el maíz se cultivó en las Antillas.

Los taínos llamaban *conuco* al lugar destinado para el cultivo. La tierra agrícola era comunal. El cacique ordenaba quién y cómo había de realizar el trabajo sobre ella, siendo también responsable del reparto de la producción. Algunos autores señalan que determinadas tierras debían estar reservadas para el sostenimiento del pueblo llano.

La principal herramienta agrícola era la *coa* o palo plantador, un palo de punta endurecida al fuego que se usaba para hacer un agujero en el suelo en el que se depositaba la semilla. Como quiera que la *coa* se usaba en Mesoamérica, es muy probable que su uso pasara a las Antillas asociado al cultivo del maíz. Otro instrumento muy utilizado fue el hacha pulimentada, en forma de pétalos. Iban enmangadas y, si se colocaban de forma perpendicular, podía usarse para desbrozar la maleza de los bosques o para raspar las cortezas. Todas las herramientas estaban hechas de madera, piedra o concha, pues no eran conocidos ni el hierro ni el bronce.

Pero lo más original de la cultura taína fue el cultivo en montículos, una técnica de tradición anterior que permitió producir más y, de paso, contribuyó a que los grupos se hicieran más sedentarios. El cultivo en montículos estaba muy extendido a la llegada de los españoles, habiéndose prácticamente abandonado otros sistemas como el de roza. Esta técnica se conocía también hacia el siglo IX en sitios como las Guayanas, Venezuela y el norte de Colombia. Las ventajas del cultivo en montículos fueron tan evidentes que los mismos españoles adoptaron su práctica nada más llegar a las islas, como Bartolomé Colón, quien en 1498 mandó construir 80.000 montones en Santo Domingo.

El cultivo en montones consistía en acumular desperdicios mezclados con tierra fértil, con lo que se aprovechaban las ventajas de la basura orgánica como abono, se acumulaba la humedad y se evitaba la erosión del terreno. Los montículos, de ocho o nueve pies de circunferencia, eran utilizados especialmente para cultivar la yuca (*Manihot escuenta*) y parte del maíz (*Zea mays*). En estos túmulos circulares de tierra suelta crecían mejor las raíces tuberosas.

Cuando se quería sembrar un campo lo primero que se hacía era quemar la maleza, lo que permitía utilizar la ceniza como abono. Después se levantaban montones de tierra, de entre nueve y doce pies de perímetro y separados unos de otros por entre dos y tres pies. En los montones se clavaban estacas, lo que facilitaba la entrada de aire y la oxigenación, mejorando la capacidad de crecimiento de la raíz.

La altura del montículo, a decir de Fernández de Oviedo, llegaba hasta la rodilla, y en cada uno se sembraban *seis, ocho o diez trozos de la yuca dejando la mitad fuera.*

Este sistema de cultivo estaba tan extendido que en ocasiones los montones formaban filas de varios millares, ocupando inmensas extensiones de terreno. El sistema, muy productivo y de escasa labor, pues únicamente era necesario limpiar la maleza un par de veces al año, era tan eficiente que un cacique, Guarionex, pretendió sembrar todos sus dominios de mandioca.

Aparte de este sistema, los taínos utilizaron otras técnicas de cultivo. La roza o tala y quema del bosque, antes citada, consistía en quemar la maleza de una parcela de terreno y plantar sobre él, aprovechando el abono de la ceniza. *Otros no hacen montones sino que allanan la tierra y plantan de dos en dos, sobre cenizas.* Sistema típico de las poblaciones que habitan en zonas de selva o bosque denso, sin embargo la tierra pronto quedaba agotada, obligando a abandonarla y realizar la misma operación en nuevas zonas. También sembraban en los huecos de las zonas rocosas que estaban rellenos de tierra por acción de naturaleza, o las riberas de los ríos, muy fértiles e irrigadas gracias a los desbordamientos ocasionales.

Los taínos aprovecharon los ciclos de lluvia para comenzar las labores de siembra. También conocieron la agricultura de regadío, construyendo acequias allá donde la aridez del terreno lo hacía necesario. La siembra siempre la realizaban *después que la luna ha hecho y se muestra nueva y lo más presto que ser puede en los días que crece hasta el lleno de ella, pero nunca en la menguante.*

El principal cultivo de los taínos era la yuca, base de su alimentación y con la que elaboraban una bebida embriagadora, el uicu y, sobre todo, una especie de pan seco, el *cazabe:*

Tienen sembrado en ellas [las islas] (...) unas raíces como zanahorias, que sirven por pan, y rallan y amasan y hacen pan de ellas, y después tornan a plantar el mismo ramillo en otra parte y tornan a dar cuatro y cinco de aquellas raíces que son muy sabrosas: propio gusto de castañas. Aquí hay las más gordas y buenas que había visto en ninguna [tierra] porque también diz que de aquellas había en Guinea; las de aquel lugar eran tan gordas como la pierna (...).

También el maíz fue importante en su dieta, cultivando al menos tres variedades de esta planta. Otros cultivos complementarios fueron la batata (*Ipomea batatas*), la yautía (*Colocasia esculenta*), la guáyiga (*Zamia debilis*), el lerén (*Calathea allouia*), el maní (*Arachis hypogea*), el tabaco (*Nicotiana tabacum*), algunas especies de ají (*Capsicum spp.*) y frutas como la piña. La producción de algodón guardó un papel básico para el modo de vida de los taínos, pues con él confeccionaban objetos muy importantes, como prendas de vestir, hamacas o redes para la pesca. El algodón era una materia básica; los españoles dejaron escrito cómo constantemente se encontraron con él o bien les era ofrecido:

Había grandísima cantidad de algodón hilado en ovillos, tanto que en una sola casa vieron más de 12.500 libras de algodón hilado; las plantas del cual no siembran con las manos, sino que nacen por los campos, como las rosas, y por sí mismas se abren cuando están maduras, aunque no todas a un tiempo, porque en una misma planta se veía un capullo pequeño, y otro abierto, y otro que se caía de maduro.

Actividad complementaria de la agricultura fue la recolección de frutos, bayas y productos naturales. Las frutas caribeñas eran y son abundantes, dado el clima tropical, lo que les permitía recolectar el mamey (*Mammea americana*), la guanábana (*Annona muricata*), la lechosa o papaya (*Carica papaya*), el mamón o corazón (*Annona reticulata*), la guayaba (*Psidium guajava*), el caimito (*Chrysophyllum cainito*), el icaco o hicaco (*Chrysobalanus icaco*) y, por último, la pitahaya (*Hylocereus undatus*).

La exuberancia de la vegetación y las, en principio, facilidades que ésta ofrecía para la subsistencia de las poblaciones, no dejó de asombrar al mismo Colón, quien insiste en sus comentarios en equiparar las tierras que acaba de descubrir con el Jardín del Edén:

Estas tierras son muy fértiles, ellos las tienen llenas de mames, que son como zanahorias, que tiene sabor de castañas, y tienen faxones y habas muy diversas de las nuestras, y mucho algodón, el cual no siembran, y nacen por los montes árboles grandes, y creo que en todo tiempo lo haya para coger, porque vi los capullos abiertos y otros que se abrían y flores, todo en un árbol, y otras mil maneras de frutas que no me es posible escribir, y todo debe ser cosa provechosa.

La caza. Aunque no fue una actividad de subsistencia principal, la carne procuraba un importante complemento a la dieta de las poblaciones. Sólo dos eran los animales domésticos: una especie de perro llamado *aon*, cuya carne consumían, y las *higuacas* o cotorras, que no comían y que servían como entretenimiento, enseñándolas a hablar. Algunos trabajos arqueológicos han permitido suponer que también podía haber sido domesticada una especie de roedor, la *hutía*, ya que en varios sitios han sido hallados solamente restos de ejemplares adultos.

Entre los animales salvajes, los taínos cazaban aves como *coríes* o *curíes*, *hutías*, iguanas, caimanes, *quemíes*, etc. Las crónicas coinciden en señalar que el único animal de cuatro patas que existía en las islas era el *corí*, un conejo pequeño que equiparan a un perro. Para capturar a las *hutías* se solía incendiar una zona de sabana, empujándolos a huir hasta un área acotada, donde eran cazados con mayor facilidad. También se podía esperar a la extinción del incendio para recogerlos, una vez quemados.

La caza la llevaban a cabo los hombres, ayudado por los niños y los perros. Los primeros realizaban las tareas auxiliares, tales como recoger la pieza, y aprendían de paso las técnicas, el uso de las armas y las zonas más aptas para cazar. Los perros ayudaban a ahuyentar a la presa y cercarla.

El arco, las flechas y el propulsor fueron las principales armas. En las puntas de las flechas podían colocar una punta afilada hecha de la espina que el pez raya tiene en la cola, o bien una astilla de hueso de manatí. También podían poner una punta realizada con la madera del copey, que resultaba muy resistente.

Para cazar también se ayudaban de trampas. En los mares y ríos fabricaban corrales de estacas para capturar a los peces. Con respecto a la caza de aves, los taínos capturaban tórtolas y palomas para fines domésticos, para las que construían jaulas. Las aves acuáticas se cazaban aprovechando las migraciones, una época de especial abundancia. Para capturarlas el cazador se sumergía en el agua con una calabaza colocada en la cabeza, aproximándose buceando al ave sin levantar sus sospechas. Cuando estaba cerca, la agarraba por las patas y la sumergía hasta que se ahogase.

La pesca. El hecho de que los poblados se levantaran generalmente en las zonas de ribera indica la importancia que la pesca tenía para los taínos. Los manglares, abundantes, permitían una pesca relativamente fácil y abundante, y en ellos se ayudaban de antorchas, pues algunos peces eran atraídos por la luz. Estas antorchas eran realizadas con trozos de madera resinosa, como la *cuaba* o pino (*Pinus occidentalis*) y el *goaconax* o *guaconejo* (*Amiris spp.*)

Las técnicas de pesca eran diversas. Se podía pescar utilizando el arco y las flechas, con lo que se capturaban peces de mayor tamaño. También fabricaban anzuelos de hueso o de concha de tortuga, así como grandes redes de algodón que lanzaban al agua sumergiéndolas con pesos de piedra.

Otra técnica de pesca se utilizaba en zonas de mar baja y poco profunda. Consistía en construir *corrales y atajos hechos a mano de estacadas en los arrecifes*, colocadas a muy corta distancia y cercando a los peces, permitiendo así capturarlos más fácilmente. Este sistema es muy común actualmente entre los warao de Venezuela, en sitios de la desembocadura del Orinoco como el Caño Mánamo.

También utilizaban, según Gonzalo Fernández de Oviedo, una hierba llamada *bayqua* o *baiguá* (barbasco) que, arrojada al agua, desprendía una sustancia que *embeoda a los peces y se quedan flotando vueltos de espaldas*. Cerca de las desembocaduras de los ríos los taínos capturaban al manatí, animal de gran tamaño que *es tan grande como una ternera, y su carne semejante en el sabor y color, acaso algo mejor y más grasa*. Con sus huesos fabricaban diversos útiles, como amuletos, orejeras, espátulas vómicas o los inhaladores de la *cohoba*.

En las zonas de playa cazaban tortugas cuando se acercaban a desovar. En los ríos pescaban róbalos, camarones, dajos, zagos, xaibas, etc. Finalmente, mar adentro capturaban doradas, pargos o jureles, entre otros. También en alta mar podían pescar animales de gran tamaño, gracias a un pez llamado *guaicano* o rémora (*Eucheneis naucrotes*). Este sistema, usado en la isla de Cuba, era ciertamente curioso: *tenían atados por la cola, con un hilo delgado, algunos peces que nosotros llamamos revesos, que van al encuentro de los otros peces, y con cierta aspereza que tienen en la cabeza y llega a la mitad del espinazo, se pegan tan fuertemente con el pez más cercano, que, sintiéndolo el indio, tira del hilo y saca al uno y al otro de una vez; así acaeció en una tortuga que vieron los nuestros al sacarla dichos pescadores, al cuello de la cual se había adherido el pez, y siempre se pega éste allí, porque está seguro de que el pez cogido no puede morderle; yo los he visto pegados así a grandísimos tiburones.*

Los alimentos. La carne, el pescado o los vegetales que consumían se preparaban siempre asados o cocidos, siendo muy poco habitual la fritura. El fuego se obtenía friccionando ciertas leñas, juntando dos palos secos muy apretados. Sobre ellos se frotaba con otro más largo, hecho de una madera especial, que podía ir tallado y se consideraba un objeto de valor, pues siempre se llevaba encima. Los alimentos se cocinaban en cacharros de alfarería. La tarea de prepararlos recaía sobre la mujer.

La yuca, el principal cultivo, era también la base del alimento más importante: el *cazabe* o *casabe*. Este producto, llamado también *pan de las Indias*, pudo haber tenido su origen en la costa norte de Colombia, hacia el año 1500 a.C. En esta área, en un sitio llamado Rotinet, parece ser que los grupos indígenas comenzaron a extraer el jugo de la yuca amarga y calentar sus residuos para convertirlos en una torta.

Para preparar el *cazabe*, primero era necesario extraer cuidadosamente la yuca, generalmente de la variedad amarga, en la cantidad necesaria, pues la planta comenzaba a deteriorarse muy pronto. La yuca debía ser cogida cuando tenía diez meses o un año, pues se consideraba que sólo entonces estaba suficientemente madura.

El producto era pelado y cortado con piedras o conchas afiladas. Después se procedía al rallado o *guayado*, que era realizado ayudándose de unos ralladores de piedra volcánica, llamados *guariquetén*. Luego de este rallado la yuca se exprimía en el *cibucán*, *que es una manera de talega, de diez palmos o más de luengo, y gruesa como la pierna, que los indios hacen de palmas, como estera tejida*. Dentro de esta manga exprimían y retorcían la masa hasta dejarla bien seca, pues el jugo es venenoso, al contener ácido cianhídrico. El producto que quedaba era una especie de masa, que era puesta *al fuego en una cazuela de barro llana, del tamaño que quieren hacer el pan, y está muy caliente*. En la cazuela, denominada *burén*, dejaban que la torta se secase o compactase, poniéndola algunas veces al sol. Al final obtenían unas tortas, el *cazabe*, que se comía generalmente troceado y depositado en caldos: *Es necesario humedecer el cazabe para comerlo, porque es áspero y raspa; humedécese con agua o caldo, fácilmente, y para sopas es bueno, porque empapa mucho (...).*

El *cazabe*, el principal alimento taíno, resultaba muy rentable, pues una vez hecho aguantaba sin deteriorarse más de un año, *y lo llevan de unas partes a otras muy lejos, sin se corromper ni dañar, y aun también por el mar es buen mantenimiento, y se navega con él por todas aquellas partes y islas y Tierra-Firme, sin que se dañe si no se moja.* Bartolomé de las Casas informa de que unos mil montones de yuca producían cerca de doscientas arrobas, y de que el sostenimiento de un hombre estaba asegurado de manera suficiente, al disponer de dos arrobas por mes. Si el *cazabe* que se iba a hacer era para el consumo de un cacique, el proceso era algo diferente, pues para rallar la yuca se empleaba una piel de pescado, obteniendo un rallado más fino. El resultado era una torta de pan más suave, llamada *xabaxao*.

El exprimido de la yuca aseguraba la eliminación de los almidones y las sustancias tóxicas que contiene, que desaparecían definitivamente durante la cocción. El jugo de la yuca, *dándole ciertos hervores y poniéndola al sereno ciertos días, se torna dulce, y se sirven y aprovechan de ella como de miel u otro licor dulce, para mezclarlo con otros manjares.* Aparte de estas bebidas alcohólicas, también del jugo se podía obtener, si se volvía a hervir y se dejaba reposar, un zumo agrio, que servía como vinagre.

La fermentación de la yuca hacía desaparecer su acción tóxica, un efecto que era de sobra conocido por los indígenas. Sin embargo, en ocasiones el jugo fue utilizado como veneno, como indica Fernández de Oviedo, quien dice que existen algunas *islas donde ha acaecido estar algún cacique o principal indio, y otros muchos con él, y por su voluntad matarse muchos juntos; y después que el principal, por exhortación del demonio, decía a todos los que se querían matar con él, las causas que le parecía para los atraer a su diabólico fin, tomaban sendos tragos del agua o zumo de yuca, y súbitamente morían todos, sin remedio alguno.*

Otro tipo de alimento importante era la *guáyiga*. También se rallaba su raíz, igualmente tóxica, ayudándose la mujer de lajas de coral. Dejada largo tiempo, la masa se iba pudriendo y se llenaba de larvas que, cuando estaban en estado casi de eclosión se amasaban con la masa de la *guáyiga*, confeccionando unos bolos muy alimenticios, al ser ricos en carbohidratos y proteínas.

Con respecto al maíz, se cosechaba dos veces al año —tres en Jamaica— y era recogido a los cuatro meses de ser sembrado, lo que se realizaba siempre en época de luna llena, al pensar que de esta forma la planta crecería más y mejor. El maíz era consumido de muchas maneras. Cuando estaba aún tierno lo comían crudo; cuando estaba más seco o maduro, lo consumían asado. También podían hacer pan, para lo que primeramente *las indias, especialmente, lo muelen en una piedra algo concavada, con otra redonda que en las manos traen, a fuerza de brazos, como suelen los pintores moler los colores, y echando de poco en poco poca agua, la cual así moliendo se mezcla con el maíz.* El producto resultante era *una manera de pasta como masa, y toman un poco de aquello y envuélvenlo en una hoja de hierba, que ya ellos tienen para esto, o en una hoja de la caña del propio maíz u otra semejante, y échanlo en las brasas, y ásase, y endurécese, y tórnase como pan blanco y hace su corteza por desuso, y de dentro de este bollo está la miga algo más tierna que la corteza (...).*

Al decir del cronista, estos panes debían ser comidos cuando aún estaban calientes, pues de lo contrario resultaban secos y ásperos. Existía otra forma de preparación de las mazorcas de maíz, mediante cocción, *pero no tienen tan buen gusto; y este pan, después de cocido o asado, no se sostiene sino muy pocos días, y luego, desde a cuatro o cinco días, se mohece y no está de comer.*

También del maíz se fabricaba una bebida espirituosa, cuya preparación corría a cargo de las mujeres. Éstas *toman un poco de grano, lo hacen ablandar un poco en una olla y lo entregan a otras mujeres que están asignadas a este trabajo, quienes llevándoselo a la boca en pequeñas cantidades lo mastican, y haciendo fuerza, casi tosiendo, lo arrojan sobre una hoja o una escudilla. Luego lo vierten en el ánfora con otro líquido sin el cual la bebida, es decir, el vino, no tendría fuerza alguna; lo hacen hervir durante tres o cuatro horas, y, tras quitarlo del fuego, lo dejan enfriar y lo cuelan con un trapo, con lo que sale con tal perfección que llega a embriagar. Lo hacen también de otros tipos, de miel, de frutas, de raíces, pero no embriagan como el otro.*

Con respecto a la carne, ya se dijo que los principales animales que se consumían eran unos conejos llamados *coríes* y una especie de roedores conocidos como *hutías*. Las crónicas señalan que estos últimos antes de ser cocinados eran pelados, aunque no se los destripaba.

También las crónicas informan de otras fuentes de proteínas animales. De las Casas dejó escrito que consumían los piojos de la cabeza, pues pensaban que se trataba *de su carne y su sangre nacidos y que por eso la sangre y carne suya se restituían.* También comían la iguana, un animal que no dejó de causar asombro a los españoles debido a su tamaño y aspecto: *Como aquel país era de muchas aguas y lagos, cerca de uno de estos vieron una sierpe de siete pies de larga, que tenía el vientre de un pie de ancho; la cual, siendo perseguida por los nuestros, se echó en la laguna, pero como ésta no era muy profunda, la mataron con las lanzas, no sin algún miedo y asombro, por su ferocidad y feo aspecto.*

La iguana se consumía por los indígenas de la isla Española, ya que, *una vez quitada aquella espantosa piel y las escamas de que está cubierta, tiene la carne muy blanca, de suavísimo y grato gusto (…).* Fernández de Oviedo compara su carne con la del conejo, *tan buena o mejor (…) y es sana, pero no para los que han tenido el mal de las búas, porque aquellos que han sido tocados de esta enfermedad (aunque haya mucho tiempo que están sanos) les hace daño (…).* Los mismos españoles, *andando el tiempo, supieron apreciarla como cosa agradable, pues era el mejor alimento que tenían los indios (…),* como señala Hernando Colón.

La dieta de los taínos incluía además otros muchos alimentos, en general, todo tipo de animales: *los habitantes de la isla de Cuba van en cuadrillas, con sus canoas, a estas islas y a otras innumerables que por allí están deshabitadas; y se alimentan de los peces que cogen, de los pájaros, de los cangrejos y de otras cosas que hallan en la tierra; pues los indios acostumbran comer generalmente muchas inmundicias, como arañas gordas y grandes, gusanos blancos que nacen en maderos podridos y en otros lugares corrompidos, también muchos peces casi crudos, a los que tan pronto como los cogen, antes de asarlos, les sacan los ojos para comérselos; y comen de estas cosas y otras muchas que, a más de dar náuseas, bastarían a matar a cualquiera de nosotros que las comiese.*

La vida en los poblados

Por motivos fácilmente comprensibles, no se conocen datos exactos acerca de la cantidad total de población taína. Las cifras más fiables son para la isla de Santo Domingo, apoyadas tanto en fuentes etnohistóricas como arqueológicas. Algunos autores apuntaron el dato de 125.000 habitantes para la isla antes de la conquista, si bien las investigaciones del Museo del Hombre Dominicano han contabilizado una cifra cercana a los 500 asentamientos para el período taíno. Los estudiosos hacen corresponder una cantidad de 500 personas a cada yacimiento hacia finales del siglo XV, lo que da una cantidad total de 250.000 personas que, dado que aún quedan yacimientos sin contabilizar, podrían elevarse hasta las 400.000. Para la misma época, la isla de Boriquén, la actual Puerto Rico, pudo estar poblada por entre 70.000 y 100.000 indígenas.

Las sociedades taínas estaban dirigidas por un *cacique*, que gobernaba sobre el resto de la población, incluidos otros caciques de menor rango. Los grupos sociales más nítidamente definidos corresponden a los *nitaínos*, señores o nobles; los *behiques*, especialistas religiosos, y la gente del común o *naborias*.

Los caciques. Los taínos habían alcanzado un nivel de desarrollo político que los especialistas han clasificado dentro del término jefatura. Es éste un nivel intermedio, más evolucionado y complejo que el correspondiente a los grupos humanos organizados como bandas, pero mucho menos que el nivel conocido como Estado.

La jefatura se caracteriza por la existencia de un dirigente o jefe que, en el caso antillano, era conocido como *cacique* —del taíno *kasiquá*, literalmente *que tiene casa*—, término que muy poco después del primer contacto ya quedó incorporado a la lengua castellana. El cacique basaba su poder en su propio prestigio personal; era el máximo líder político, religioso y militar, se ocupaba de dirigir a la comunidad en caso de guerra, de representarla en las ceremonias religiosas, de administrar los tributos y de regir la actividad económica. La posición de cacique era esencialmente hereditaria, pudiendo las mujeres, de hecho, convertirse algunas veces en caciques.

El jefe o cacique se hallaba apoyado por una nobleza perteneciente a su propio linaje, los llamados nitaínos, que los primeros españoles no saben si asimilar al título o cargo de *hidalgo o gobernador o juez*. Todos ellos, cacique y *nitaínos*, residían en una zona aparte, con viviendas acordes con su rango.

Las crónicas nos han dejado algunos datos interesantes sobre estos caciques, aunque en ocasiones tienden a ser confusas. En primer lugar, los españoles se asombran de que, siendo jefes o dirigentes, no haya en principio nada que los distinga del resto de la población, pues visten de la misma manera y no se rodean del boato y la pompa que reviste a la autoridad en el *Viejo Mundo*. Así, se nos dice que su gobernante *no se diferenciaba de los demás sino en estar cubierto con una hoja de árbol, porque llovía mucho*. Tal es así, que los primeros españoles, incluido el mismo Colón, no saben si se encuentran delante de un jefe de poblado o de un rey, pues no hay señales evidentes que les indiquen el rango del personaje, al menos no al modo europeo, es decir, con grandes ropajes y rodeado de sirvientes, riquezas y lujo. El asunto, desde luego, desconcierta a los recién llegados, ya que su afán es encontrar un interlocutor válido a quien presentar las credenciales reales, no en vano el objetivo principal del viaje es contactar con el reino del Gran Khan. En cierta ocasión, el mismo Colón se dirigirá a explorar unas nuevas tierras de las que los indígenas le han hablado, pues su *rey*, según le han indicado, *señorea todas estas islas comarcanas, y va vestido y trae sobre sí mucho oro.*

Conforme el conocimiento de las islas y sus pobladores se va incrementando, los *descubridores* acaban por encontrar jefes como los que buscan. Así, pueden ver cómo los caciques se visten con lujosos mantos de vistos colores y se colocan en la cabeza tocados de plumas rojas o blancas, se pintan el cuerpo y se adornan con collares, brazaletes y otras piezas de ajuar. También les ven acercarse rodeados de un séquito más o menos numeroso, igualmente vestido con lujo y ostentación, que da numerosas muestras de sumisión y obediencia. En cierta ocasión, ante el Almirante se presenta un cacique, que *no venía a pie sino en unas andas, llevado por cuatro hombres con gran veneración, aunque era muy joven.* Asombra también a los españoles el acatamiento que muestran quienes acompañan al cacique, pues éste apenas necesita articular palabra sino realizar ciertos gestos o señas, que son al punto interpretados y obedecidos por sus lacayos.

Vio también que el dicho rey estaba en la playa, y que todos le hacían acatamiento. Envióle un presente el Almirante, el cual dice que recibió con mucho estado, y que será mozo de hasta veintiún años, y que tenía un ayo viejo y otros consejeros que le aconsejaban y respondían, y que él hablaba muy pocas palabras.

La autoridad del jefe era reconocida por todos, y su poder se basaba en el prestigio personal y de su linaje. Como personas principales, sus decisiones eran obedecidas sin discusión y recibían un trato especial por parte del resto de la población. Así, recibían tributo y una alimentación diferente, estaban exentos de realizar trabajo y a ellos se les entregaban los excedentes de la producción. Su función principal era organizar el trabajo de la comunidad y ostentar la máxima autoridad política y religiosa, debiendo guardar en su propia vivienda los ídolos de la población. El poder que ejerce el cacique sobre la comunidad parece ser absoluto, pues, a decir de las crónicas, sus súbditos *no siembran sin su voluntad, ni cazan ni pescan*. De las Casas señala, de modo algo idealizado, que la relación entre el cacique y sus gobernados era similar a la un padre con sus hijos, pues ambos comían utilizando los mismos platos y vasos. La ascendencia del cacique sobre la comunidad se basaba en diversos factores, como su prestigio personal y el de su linaje, pero también existía un componente religioso, pues (...) *la mayor parte de los caciques tienen tres piedras, a las cuales, ellos y sus pueblos muestran gran devoción. La una, dicen que es buena para los cereales y las legumbres que han sembrado; la otra, para parir las mujeres sin dolor, y la tercera, para el agua y el sol, cuando hacen falta.*

Cada cacique gobernaba sobre un territorio o cacicazgo. La isla de La Española, que los taínos denominan Haití, *aspereza*, o Quizqueia, *tierra grande*, estaba dividida en varios de estos cacicazgos o, como los llaman los españoles, reinos, aunque las fuentes no se ponen de acuerdo a la hora de determinar su número. Hernando Colón nos informa de que *eran cuatro los principales bajo cuya voluntad y dominio vivían los otros. Los nombres de éstos eran Caonabó, Guacanagarí, Beechío y Guarionex. Cada uno de ellos tenía a sus órdenes otros setenta u ochenta caciques, no porque éstos les diesen tributo ni otra utilidad, sino porque estaban obligados, cuando se les llamase, a ayudarles en sus guerras y a sembrarles sus campos.*

El cacicazgo que dominaba Caonabó era conocido como reino de Maguana. El territorio era abrupto y montañoso, y del mismo Caonabó se nos cuenta que era *hombre de edad, de gran saber y de agudísimo ingenio, procedente del país de los caribes.* La región tendrá gran interés para los españoles, pues en ella abundan las minas. Este interés será la causa de los graves conflictos que enfrenten a Caonabó con los españoles, quien se esforzará sin éxito por expulsar a los recién llegados.

Guacanagarí gobierna sobre el llamado reino de Marién, al norte de La Española. Se trata de una región minera, en la que pueden hallarse oro y cobre. La actitud de Guacanagarí hacia los recién llegados es amistosa, pretendiendo ganar su confianza y amistad para imponerse, con su ayuda, sobre los otros caciques, espacialmente sobre Caonabó, quien le había robado una mujer, y Beechío, que había asesinado a otra.

Beechío o Behechío dominaba la parte occidental de La Española, el llamado reino de Xaraguá, donde Colón pretenderá quedarse durante algún tiempo por ser *la región más rica y deliciosa de la isla, sus indios, más discretos y avisados que los de otros pueblos de La Española, y especialmente, por ser las mujeres de allí mucho más hermosas y de agradable trato.* A la muerte de Beechío le sustituirá en el gobierno del cacicazgo su hermana Anacaona, que morirá ahorcada por los españoles.

El cacicazgo gobernado por Guarionex era conocido como el reino de Maguá, es decir, el reino de la vega, pues ocupaba la parte baja y llana de la isla, con una extensión de más de *sesenta leguas.* Al decir de las crónicas, se trataba de un territorio extenso y poderoso, ya que Guarionex era *señor de muchos vasallos, pues la lengua de éste se entendía por todo el país.* Se nos dice también que los vasallos de Guarionex eran tan poderosos que, en caso de guerra, alguno de ellos podía reunir un ejército de 16.000 hombres. En el interior de Maguá se encontraba la provincia del Cibao, *que es áspera y peñascosa, llena de pedregales, cubierta de mucha hierba y bañada por muchos ríos en los que se halla oro.* El Almirante oye por primera vez hablar de esta región el 24 de diciembre de 1492, según se escribe en su Diario, y anota que, al preguntar a los indígenas de dónde consiguen el oro que llevan consigo, *entre los otros lugares que nombraban donde se cogía el oro, dijeron de Cipango* [es decir, Japón, adonde cree haber llegado], *al cual ellos llaman Cibao, y allí afirman que hay gran cantidad de oro, y que el cacique trae las banderas de oro de martillo.*

Aún se discute la existencia de un quinto cacicazgo o *reino.* Según Bartolomé de Las Casas, una anciana de nombre Higuanamá gobernaba sobre el reino de Higüey. Por su parte, Gonzalo Fernández de Oviedo nos informa de que otro cacique, Cayacoa, gobierna un territorio situado al este de la isla, entre los ríos Hayna y Yuna.

Sean cuatro o cinco los *reinos* que había en La Española a la llegada de los españoles, lo cierto es que, según los especialistas, se encontraban en un proceso de unificación que, a la larga, podría haber derivado en la creación de un Estado. Los distintos caciques gobernaban sobre extensos territorios, regidos a su vez por otros caciques de rango menor, y entre ellos eran frecuentes tanto las alianzas matrimoniales como las guerras de conquista y las asociaciones con otros caciques para crear confederaciones. De hecho, estos grandes reinos se habían creado gracias a la unión de distintas jefaturas.

Los grupos sociales. Por debajo de los caciques se situaba el resto de la población, dividida en varios grupos. Los jefes y nobles pertenecían al grupo llamado *nitaínos*; los sacerdotes y chamanes se englobaban dentro de los llamados *behiques* o *bohiques*, estando más abajo en la escala social el pueblo llano. Un último grupo lo constituían los llamados *naborias,* siervos de los caciques.

Los caciques eran ayudados en sus tareas de gobierno por unos personajes de rango elevado, los *nitaínos*. Esta especie de

Cacique adornado con sus joyas.

nobleza estaba integrada por individuos que podían ser a su vez caciques de menor nivel, y que se declaraban sujetos al cacique de rango superior. Los *nitaínos* estaban unidos al cacique por lazos de parentesco o relaciones de amistad. Según Pedro Mártir, los *nitaínos* podían ejercer también como gobernadores provinciales lo que, en definitiva, quiere decir que algunos de ellos eran a su vez gobernantes de un cacicazgo sujeto al cacique principal.

También tienen todos gran cuidado de conocer los confines y límites de los reinos, y este cuidado es común a los nitaínos, es decir, a los nobles que así los llaman.

El grupo de los *nitaínos* estaba integrado por ancianos y guerreros. Entre otras de sus funciones estaban las de ayudar al cacique en diferentes tareas, como el reparto de alimentos o la distribución del trabajo. También estaban obligados a defender al poblado en caso de un ataque o a integrar una expedición militar. Como pago a su labor tenían una serie de privilegios en las fiestas y ceremonias.

Los *behiques* o *buihitin* eran los especialistas religiosos. Sus funciones incluían las de curar enfermos, dirigir las ceremonias religiosas, mantener las tradiciones tribales, comunicar con los muertos, adivinar el futuro y saber lo que orientaba el *cemí*, la deidad representada en figurillas de piedra o madera. Sus conocimientos los hacían estar rodeados de un gran prestigio e incluso temor, pues sus poderes podían hacer tanto bien como mal. Sus métodos curativos se basaban en prácticas mágico-religiosas, ya que concebían la enfermedad como la consecuencia de una fuerza sobrenatural; sin embargo, también podían poseer profundos conocimientos empíricos, pues *tenían conocidas las propiedades de muchos árboles y plantas y hierbas.* Los *behiques* podían vestir un manto de algodón de color negro, recogiéndose el pelo en pequeñas trenzas. Según apuntan algunos cronistas, les estaba permitido casar con varias mujeres, lo que indica que disponían de recursos suficientes para su sostenimiento, aunque no sabemos su procedencia. Es probable que contaran con campos de labranza propios, que fueran trabajados por sirvientes a su cargo, o bien que recibieran regalos y bienes en pago a sus servicios como adivinos o curanderos. Es muy posible que los *behiques* estuvieran al servicio exclusivo de la clase dirigente, los caciques, lo que debió procurarles unos medios de subsistencia muy superiores a los de la población común.

Los *naborias* eran los siervos y la clase más baja, la gente del común carente de privilegios. Algunos autores separan al pueblo llano de los *naborias*, grupo que estaría por debajo de la gente del común y que estaría integrado por individuos pertenecientes a grupos étnicos vecinos menos desarrollados, como los pobladores de las Lucayas o del occidente de Cuba. Según estas fuentes, estos *naborias* eran apresados y llevados cautivos a los poblados para trabajar como siervos de los caciques. Aunque, si hemos de creer a Bartolomé de Las Casas, la esclavitud como tal no existió entre los taínos.

Sea como fuere, lo cierto es que los *naborias* eran los encargados de la caza, la pesca o la labor de los *conucos*, en general los trabajos más pesados. También estaban obligados a ir a la guerra para defender el poblado, bajo la dirección de los caciques y nitaínos.

La división del trabajo. El método de trabajo propio de los taínos fue la actividad colectiva. No existían ni la propiedad privada de la tierra ni de las herramientas de labor. Era al cacique a quien correspondía dirigir la producción, pudiendo separar parte de lo producido para realizar fiestas y ceremonias comunales.

La distribución del trabajo se basaba en criterios de género y edad. Correspondía al hombre cazar, pescar, recolectar e ir a la guerra cuando era necesario, así como colaborar con la mujer en las tareas agrícolas más duras, como el desbrozado del terreno antes de la siembra. También se encargaba de cortar y preparar la madera para construir la vivienda, de la fabricación de canoas y de la elaboración de algunas herramientas y objetos. Por último, las actividades religiosas también estaban a cargo de los hombres.

A las mujeres les estaba asignada la realización de las tareas domésticas, incluyendo éstas el fabricar objetos de alfarería, cestería y textil. Así, cocinaban, acarreaban agua, cuidaban de los hijos y elaboraban objetos como esteras, canastos, redes de pesca o cestas. También educaban a los hijos más jóvenes, mientras que cuando alcanzaban cierta edad los niños varones eran introducidos por el padre en los ritos, los oficios y las costumbres. Por último, correspondía a las mujeres recolectar semillas, raíces y frutos, así como cuidar de los campos de cultivo hasta el momento de la recolección. Se sabe también que en algunos casos hubo mujeres que ejercieron de cacique, como la famosa Anacaona, cacica de Xaraguá, que fue condenada a la horca en el año 1500 acusada de participar en una sublevación contra la Corona española. Dejó además varias poesías de gran valor para conocer la cultura de su pueblo.

Finalmente, a los niños les correspondía cuidar de los sembrados y aprender de los mayores las labores que se consideran propias de su sexo, ayudando en la recolección de frutos, mariscos, etc. Los muchachos, al decir de Fernández de Oviedo, se encargaban de vigilar los campos de maíz, defendiendo el fruto de los ataques de los animales. Para ello, cuando el maíz está *ya bien crecido y comienza a granar, es menester ponerle guarda, en lo cual los indios ocupan los muchachos, que a este respecto hacen estar encima de los árboles y cadalsos que ellos hacen de cañas y de maderas, cubiertos por el agua y el sol de suso, y desde allí dan grita y voces, ojeando los papagayos, que vienen muchos a comer los dichos maizales.*

Poblados y viviendas. Entre los taínos existieron varios tipos de poblados, llamados *yucayeques*. Algunos, los más grandes, podían llegar a albergar a más de 5.000 personas, mientras que en otros vivían apenas unas decenas. La media, sin embargo, podía oscilar entre los quinientos y los mil. Todos ellos se encontraban situados en las riberas de los ríos o junto al mar, sin duda para aprovechar los productos y las posibilidades de transporte que estos lugares proporcionaban.

Tampoco existe un patrón claro de asentamiento. En algunos poblados las casas se extendían alrededor de una plaza central; en otro, la traza del poblado era una cruz, formada por dos calles, mientras que algunos pequeños núcleos de población se ubicaban junto a ríos y barrancos, adaptándose a las características del terreno. La plaza ceremonial, en ocasiones, se encontraba alejada y aislada del poblado.

La mejor descripción de un poblado nos la proporciona Bartolomé de Las Casas, quien nos cuenta que: *Los pueblos de estas islas no los tenían ordenados por sus calles, más de que la casa del rey o señor del pueblo estaba en el mismo lugar y asiento, y ante la casa real estaba en todas una plaza grande más barrida y más llana, más luenga que cuadrada, que llamaban batey que quiere decir juego de pelota. También había casas cercanas de la dicha plaza, y si era el pueblo muy grande, había otras plazas o juegos de pelota menores que la principal.*

Rodeando a los pueblos se encontraban los campos de labranza, denominados *conucos*, en los que cultivaban maíz, yuca y una gran variedad de frutales. Al decir de los cronistas, las casas tenían *muchos jardines alrededor, tan hermosos como los de Castilla en el mes de mayo.* Las casas podían tener planta circular, si se trataba de la vivienda de una unidad familiar, o con techado a dos aguas, si era la residencia del cacique. Las primeras se llamaban *bohío* o *buhío* y las segundas *caney.* Las casas redondas, *bohío*, se realizaban clavando un gran poste de madera que hacía las veces de pilar central, a cuyo extremo se ataban las puntas de un buen número de postes colocados en círculo y a cierta distancia entre sí. La techumbre, de forma cónica, se hacía de cañas o palmas, que sujetaban a su vez un techo de paja. Para las paredes utilizaban cañas de distintos colores, que rellenaban el hueco existente entre poste y poste y que se sujetaban unidas con cuerdas y clavadas al suelo.

Las casas rectangulares eran usadas por el cacique o señor principal taíno. Más grandes que los *bohíos*, también se construían utilizando postes colocados a distancia y con cañas clavadas verticalmente en los espacios intermedios. En ocasiones, a algunas de estas viviendas se les construía una especie de portal cubierto de paja.

Ni el *bohío* ni el *caney* tenían puertas, lo que llama la atención de los españoles, acostumbrados a la reja y al cerrojo. Las puertas de las viviendas eran pequeñas, *tanto que para entrar es preciso encorvarse mucho y las cerraban con algunas cañas cruzadas, como si esto fuera una gran defensa para que nadie entrase; porque, según su costumbre, nadie se atreve a entrar por una puerta que así encuentra cerrada.* El interior de las casas era de tierra pisada, habiendo zonas delimitadas para realizar algunas actividades, como el hogar para la cocina. En las viviendas podía habitar tanto una familia extensa como un pequeño núcleo familiar.

Mobiliario. En el interior de las casas, el ajuar doméstico debía resultar muy escaso, pues, quienes entraron en ellas, *no vieron otro ornamento, ni muebles, más de aquello mismo que llevaban a cambiar a las naves.* En las casas de los taínos tan sólo había algunos elementos imprescindibles para la vida diaria, como cacharros para cocinar, guardar alimentos o comer, cestos para recolectar, herramientas de caza y pesca y algunos otros objetos de uso doméstico. Las excavaciones arqueológicas han permitido determinar que en el interior de las viviendas había hachas de piedra, ralladores de piedra o madera para cocinar la mandioca, cuencos de barro, *coas* o palos cavadores con los que realizaban la siembra, redes de hilo de palma y cordeles, así como útiles de pesca: anzuelos de cuerno, fisgas, etc. Algunas fuentes señalan *que en sus casas tenían paños de algodón, es a saber mantas de cama.* También había armas como macanas, arcos y flechas, así como ornamentos de uso personal: brazaletes, collares, amuletos, pintaderas de cerámica, etc.

Quienes pudieron verlas afirman que el interior estaba muy limpio y barrido, que en ellas vivía mucha gente y que solían habitar con unos perros *como mastines o blanchetes, que no ladraban.* Pero, sin duda, lo que más llamó su atención fueron las camas que utilizaban para dormir tanto en el interior como en el exterior, cuyo nombre pasó también al castellano. Nos referimos a las hamacas, *lechos como una red colgada, en forma de honda, en medio de la cual se echaban, y ataban los cabos a dos postes de la casa.*

Las hamacas se encontraban en todas las casas y su utilidad resultaba incuestionable: eran suficientemente frescas, algo muy importante en un lugar de clima cálido; también eran ligeras, de un peso inferior a los cuatro kilos que permitía llevarlas *debajo del sobaco* y montarlas en cualquier parte, tanto dentro como fuera de la casa; como estaban suspendidas en el aire, a cuatro o cinco palmos del suelo, aislaban de la humedad y dejaban al resguardo de algunos insectos; y, por último, eran limpias, pues su estructura en forma de red facilitaba su aireación. Sobre estas hamacas Gonzalo Fernández de Oviedo nos cuenta que *es muy buen dormir en tales camas, y son muy limpias; y como la tierra es templada, no hay necesidad de otra ropa ninguna encima. Verdad es que durmiendo en alguna sierra donde hace algún frío, o llegando hombre mojado, suelen poner brasa debajo de las hamacas para se calentar (...) y cuando no duermen en el campo, para se atar de árbol a árbol, átanse en casa de un poste a otro, y siempre hay lugar para las colgar.*

Aparte de las hamacas, en el interior de las viviendas existían también unos asientos o bancos, llamados *duhos*. Estos *duhos* estaban hechos de piedra o madera, incluso de oro, tallados con la figura de un ídolo o *cemí*, y su uso parece estar reservado a los señores principales y a las casas-templo, como lo muestra el hecho de que, en cierta ocasión, cuando los españoles se presentaron en un poblado, fueron invitados a sentarse en ellos, mientras que los nativos se sentaron en el suelo. Los *duhos* estaban *hechos de una pieza, de extraña forma, semejantes a un animal que tuviese los brazos y las piernas cortas y la cola un poco alzada, para apoyarse, la cual era no menos ancha que la silla, para la comodidad del apoyo; tenían delante una cabeza, con los ojos y las orejas de oro.*

El uso del *duho* sigue siendo usual entre numerosos grupos nativos de Venezuela y Colombia.

Familia y matrimonio. Las unidades sociales primarias de los taínos consistieron en grandes familias extensas, cuyos integrantes habitaban dentro de la misma vivienda. Todas las fuentes coinciden al hablar de la existencia de la poliginia, es decir, la posibilidad de que un hombre contraiga matrimonio con diversas esposas. Las fuentes señalan que algún cacique llegó a tener hasta treinta esposas, como Behechío, mientras que lo normal era que los personajes de menor rango tuvieran muchas menos. A pesar de esta variedad, sólo una era considerada la principal, y los hijos habidos con ella eran los únicos considerados herederos. Muy frecuente era también que un hombre tuviera una sola esposa, pues la cantidad de mujeres dependía, en definitiva, de la posibilidad de sostenerlas y del rango social del varón.

Con respecto a las reglas matrimoniales, Fernández de Oviedo señala que *ninguno de ellos toma por mujer a su hija propia ni hermana, ni se echa con su madre; y en todos los grados usan con ellas siendo o no siendo mujeres.* El incesto, pues, no era permitido, siendo una regla de parentesco el que un individuo perteneciente a un clan buscara esposa en otro, pues tenían por cierto que quien las tomaba [a las mujeres de su misma familia] moría mala muerte.

Muy posiblemente el matrimonio se concertase, siendo las hijas compradas. De las Casas señala que en el seno de la clase dirigente quien deseaba adquirir una esposa debía entregar al padre *cibas* o cuentas de piedra y láminas de *guanín*, aleación de oro y cobre procedente del norte de Suramérica con la que confeccionaban diversos adornos.

Conocemos muy poco o casi nada acerca de las ceremonias. López de Gómara indica que, entre los indígenas de Cuba, *si el novio es cacique, todos los caciques convidados prueban a la novia primero que no él; si mercader, los mercaderes; y si labrador, el señor o algún sacerdote, y ella entonces queda por muy esforzada.*

Una vez formalizado el matrimonio, éste pasaba a residir en la familia del marido, bajo la autoridad de los padres de éste. En el seno del matrimonio, el mando recaía sobre el marido, quien podía *por liviana causa* abandonar a su mujer, *y ella por ninguna a los hombres.* Una regla indica que *estando parida y criando es pecado dormir* con la mujer. Igualmente López de Gómara nos dice que *lavan las criaturas en agua fría por que se les endurezca el cuero, y aun ellas se bañan también en fría recién paridas, y no les hace mal.*

Como se dijo más arriba, los hijos habidos con la esposa principal son considerados los únicos herederos. Sin embargo, podía ocurrir que la herencia del cacique recayera en *los sobrinos, hijos de hermanas, cuando no tienen hijos, diciendo que aquéllos son más ciertos parientes suyos.* El dato lo ofrece una vez más Gómara, quien lo explica diciendo que la liberalidad sexual de los caciques y sus esposas hacía imposible determinar quién era el padre de los hijos, aunque no quién era la madre. Así pues, en caso de fallecimiento, la línea paterna continuaba de modo más fiable a través de los hijos de la hermana del cacique que mediante los hijos del hermano. Acaba el cronista con una anotación moral: *Poca confianza y castidad debe haber en las mujeres, pues esto dicen y hacen.*

Aspecto y vestimenta. El 12 de octubre de 1492 se produjo el primer contacto entre Colón y los nativos americanos. El mismo Almirante nos ha dejado una impagable descripción de qué aspecto tenían los primeros indígenas con los que entabló contacto:

Ellos andan todos desnudos como su madre los parió, y también las mujeres, aunque no vi más de una harto moza, y todos los que yo vi eran todos mancebos, que ninguno vi de edad de más de treinta años, muy bien hechos, de muy hermosos cuerpos y muy buenas caras, los cabellos gruesos casi como sedas de cola de caballos y cortos. Los cabellos traen por encima de las cejas, salvo unos pocos detrás que traen largos, que jamás cortan. Algunos se pintan de prieto, y ellos son del color de los canarios, ni negros ni blancos, y otros se pintan de blanco, y otros de colorado, y otros de lo que hallan; y se pintan las caras, y otros todo el cuerpo, y otros solos los ojos, y otros sólo la nariz.

Las crónicas coinciden en afirmar que los indígenas no usaban vestimenta alguna. Sólo las mujeres casadas traían bragas de algodón, las mozas no, sino salvo algunas que eran ya de edad de diez y ocho años. Estas bragas o naguas *son unas mantas cortas de algodón, con que las indias andan cubiertas desde la cinta hasta las rodillas,* y que, en el caso de las señoras de alto rango, se prolongan hasta los tobillos. Otras mujeres se cubren apenas con hojas de hierbas, mientras que las hay que se tapan con una media faldilla tejida de algodón, y otras, con un paño tejido que parecía de telar.

En cuanto a los adornos, los habitantes de estas islas gustaban de usar coronas de plumas y cinturones realizados con piedra y huesos de pescado, así como caracoles ensartados. También llevaban orejeras —llamadas en su lengua *taguaguas*—, narigueras, peinetas y bezotes, de metal o de piedra, y utilizaban sellos de cerámica para estamparse en el cuerpo los más diversos motivos. Al cuello se colgaban collares y amuletos, como las llamadas guaizas, caretas de concha con incrustaciones de oro en los ojos.

El oro, aunque era utilizado para confeccionar estos adornos, no tenía un valor especial entre los indígenas, al menos no en la misma medida en que lo tenía para los españoles. Por este motivo, las crónicas insisten en señalar que resultaba muy fácil *engañar* a los indios, a los que los españoles entregaban baratijas, cascabeles y cuentas de vidrio a cambio de piezas de oro, en ocasiones de buen tamaño. Quien deseaba coger oro no tenía más que acercarse hasta alguna mina o algún río aurífero y trabajar para conseguirlo, careciendo de todo valor económico. De lo que sí carecían, en cambio, era de lo que los españoles les ofrecían, por lo que se afanaban en acercarse a los barcos de éstos para realizar trueque:

Y esta gente harto mansa, y por la gana de haber de nuestras cosas, y teniendo que no se les ha de dar sin que den algo y no lo tienen, toman lo que pueden y se echan luego a nadar, mas todo lo que tienen lo dan por cualquier cosa que les den, que hasta los pedazos de las escudillas y de las tazas de vidrio rotas nos cambiaban (...).

También existió la costumbre de practicar a los niños la deformación craneana. Para ello se les sujetaban en la cabeza dos tablillas de palma con bandas de algodón, una en la parte frontal y otra en la occipital. De esta forma conseguían que la frente ensanchara, lo que se consideraba un signo de belleza.

La navegación. Los taínos eran grandes navegantes, no en vano fijaban sus poblados en las riberas de los ríos o la costa marina, de donde extraían buena parte de sus recursos. Para sus desplazamientos sobre el agua idearon una embarcación llamada canoa, siendo ésta otra voz que se incorporó al español. Hernando Colón las describe así:

Estas canoas eran de una sola pieza, hechas del tronco de un árbol excavado como artesas. Las mayores eran tan grandes que cabían cuarenta o cuarenta y cinco personas; las menores eran de distinto tamaño, y algunas tan pequeñas que no llevaban más que una persona. Bogaban con una pala semejante a las palas de los hornos, o aquellas con las que se espada el cáñamo, sólo que los remos no descansaban en el borde de los costados, como hacemos nosotros, sino que las meten en el agua y empujan hacia atrás como los zapadores. Estas canoas son tan ligeras y hechas con tal artificio que, si se vuelcan, los indios, echándose al mar en seguida y nadando, las enderezan y sacan el agua, meciéndolas (...) y luego que está ya vacía la mitad, sacan el agua que queda con calabazas secas, que para tal efecto llevan divididas por medio en dos partes.

Las canoas eran usadas para pescar, cazar, costear, viajar entre las islas o a lo largo de las riberas de los ríos y comerciar. Aunque no eran aptas para realizar grandes travesías en mar abierto, donde resultaban frágiles, sí que alcanzaban gran velocidad y permitían una navegación de cabotaje. La misma ocupación de las islas del Caribe no hubiera podido producirse de no existir este medio de transporte y de no tratarse de poblaciones expertas en el arte de la navegación. Algunas debían ser ciertamente de gran tamaño, capaces de albergar hasta ciento cincuenta personas. La destreza de los nativos en el uso de estas canoas debió ser grande, como ocurre entre las poblaciones de la Polinesia, pues dependían de ellas para realizar buena parte de sus actividades cotidianas. En cierta ocasión, Colón *halló una canoa con un indio solo en ella, de que se maravillaba el Almirante cómo se podía tener sobre el agua siendo el viento grande.* Para el caso de que la canoa volcase, los tripulantes se echaban a nadar y la volteaban, extrayendo el agua con unas calabazas vacías que siempre llevaban consigo. Cuando no estaban navegando, las canoas eran sacadas del agua y colocadas a resguardo del sol y la lluvia bajo una estructura de madera cubierta de grandes hojas de palma.

La guerra. A los primeros españoles les sorprende el desconocimiento que los taínos tienen de las armas, así como la actitud huidiza que muestran cuando les ven aparecer. Los primeros contactos parecen desarrollarse de un modo pacífico, con los indígenas asustados de ver a esa extraña gente que viste y habla de manera singular. Consecuentemente, las informaciones de Colón y los suyos sobre estos primeros contactos destacan el carácter pacífico y aun asustadizo de los nativos, que los mismos españoles no alcanzan a entender en toda su magnitud. El mismo Colón dejó escrito que *no traen armas ni las conocen, porque les mostré espadas y las tomaban por el filo, y se cortaban con ignorancia. No tienen algún hierro; sus azagayas son unas varas sin hierro, y algunas de ellos tienen al cabo un diente de pez, y otras de otras cosas.*

En otra ocasión, cuenta Hernando Colón que se encontraba el Almirante alardeando de sus armas ante un cacique, quien *se asombró mucho viendo nuestra artillería, la que les daba tanto miedo que caían a tierra como muertos, cuando oían el estruendo.*

Con el paso de los días, sin embargo, las crónicas cambian de tono y pasan del indígena idealizado, cual si habitante del Jardín del Edén se tratara, al salvaje belicoso. Es obvio que el desmesurado interés de los españoles por el oro comienza a molestar a los nativos, quienes no tienen más remedio que cambiar su actitud y pasar a una posición más agresiva. Es entonces cuando muestran sus armas.

Los taínos usaban arcos, flechas y lanzas, tanto para la guerra como para cazar. A decir de las crónicas, los arcos eran de gran tamaño, *tan grandes como los de Francia e Inglaterra*. Las flechas las fabricaban de caña, y en su extremo ponían un palo en el que podían colocar un diente o espina de pez, muy afilados. A veces también se podía colocar alguna hierba con veneno. En otras ocasiones usaban puntas de pedernal.

Además de estas armas usaban lanzas y lanzaderas, con las que arrojaban jabalinas con gran precisión. Para el combate a corta distancia utilizaban macanas, *un pedazo de palo que es como un hierro muy pesado que traen en lugar de la espada.* Con forma de garrote, estas macanas podían ser tan altas como un hombre, y resultaban tan dañinas por su peso como por tener dos filos cortantes. Como elemento defensivo, finalmente, utilizaban cotas o petos de algodón, acolchados, suficientes para aguantar un ataque con flechas o lanzas y que *aun pueden resistir algunos golpes de nuestras armas,* como las espadas o ballestas españolas.

Pese a las primeras informaciones dadas en las crónicas, los taínos era un pueblo belicoso. Resultaban frecuentes los enfrentamientos entre los diversos caciques, bien fuera por intentar ganar territorio al enemigo, por defenderse de éste o por la posesión de determinadas zonas de caza o pesca. A veces el motivo para la guerra era la negativa de un cacique al matrimonio de una de sus hijas o hermanas con otro cacique, después de haber recibido el pago pactado. Finalmente, los taínos se encontraban en un estado de alerta permanente frente a las incursiones de sus grandes enemigos, los caribes, *que hacían esclavos a los suyos y se los llevaban para comérselos.* Como señala el mismo Colón:

> *Yo vi algunos que tenían señales de heridas en sus cuerpos, y les hice señas que era aquello, y ellos me mostraron cómo allí venía gente de otras islas que estaban cerca y los querían tomar y se defendían.*

La decisión de ir a la guerra correspondía exclusivamente al cacique, quien formaba su opinión consultando a los sacerdotes y a sus ídolos. Si la decisión era afirmativa, se mandaba avisar a los caciques vasallos, quienes estaban obligados a enviar a su gente de armas. Fernández de Oviedo señala que cuando iban al combate los guerreros se pintaban con un tinte extraído del fruto de un árbol llamado *jagua y con bija, que es una cosa a manera de almagre, pero más colorada.* La jagua o jangua daba un tinte de color negro.

Los areito. Una de las costumbres más conocidas de los taínos eran sus celebraciones comunales, denominadas *areito.* Consistían éstos en grandes danzas colectivas, cele-bradas en el batey, en las que participaban hombres y mujeres de distintos grupos tribales o del grupo familiar. Durante la celebración, que podía durar hasta un día entero, se comía, se bebía, se cantaba, se danzaba y se escuchaban y repetían las palabras de quien dirigía la fiesta. Las oraciones que el maestro de ceremonias dirigía a la concurrencia, y que ésta fielmente repetía, hacían referencia a la vida y las hazañas del grupo o de algún cacique. Estos cánticos resultaban fundamentales para la comunidad, pues de esta forma sus miembros podían conocer hechos y creencias que estaban en la base de su identidad como grupo. La transmisión oral, para una cul-tura ágrafa como ésta, resultaba un medio excelente para la transmisión del conocimiento a las generaciones futu-ras *y para esto y suplir la memoria y falta de las letras (pues no las tienen), luego hacen que sus hijos aprendan y sepan muy de coro la manera de la muerte de los que murieron de forma que no pudieron ser allí puestos, y así lo cantan en sus cantares, que ellos llaman areitos.*

Los *areito* podían reunir a trescientas o cuatrocientas per-sonas, todas con los cuerpos pintados y ricamente decorados con amuletos, penachos y tocados de plumas o collares de concha. Los hombres y mujeres bailaban habitualmente sepa-rados, excepto si se trataba de la celebración de una victoria o del matrimonio de un cacique. En el *areito* danzaban *tomándo-se de las manos mezclados.* El guía o director de la ceremonia *dice cantando en voz baja o algo moderada lo que se le antoja, y con-cierta la medida de lo que dice con los pasos que anda dando; y como él lo dice, respóndele la multitud de todos los que en el contrapás o areito andan lo mismo, y con los mismos pasos y orden juntamente en tono más alto (…).*

Los cánticos se acompañaban con instrumentos musicales. Se utilizaban las maracas, hechas con calabazas a las que, una vez secas, se les ahuecaba el interior por un pequeño orificio y se insertaban piedrecillas, que producían ruido al agitar el instrumento. También se hacía sonar la caracola, conocida como *pututo,* o las sonajas, elaboradas con las cáscaras de frutos secos. Finalmente, el tambor, *mayohuaca'n,* estaba hecho de un tronco ahuecado y generalmente presentaba un profusa decoración, figurando un animal.

A juzgar por las crónicas, no debía resultar infrecuente el que algunos se emborrachasen: *y beben tanto, que muchas veces se tornan tan beodos, que quedan sin sentido; y en aquellas borracheras dicen cómo murieron los caciques, según de suso se tocó, y también otras cosas como se les antoja (…).*

Aparte de la función ceremonial y educativa, los areito servían como un instrumento de redistribución económica, pues el excedente de la producción agrícola, que era manejado por los caciques, se distribuía en estas ocasiones, ya que al cacique correspondía aportar la comida y bebida que consumían los invitados.

Costumbres y tradiciones. Como siempre, son las crónicas las primeras y mejores fuentes para el estudio de las costumbres sociales, aunque desafortunadamente no son muchas las informaciones que tenemos a este respecto. Trataremos de exponer aquí los datos más significativos.

Lo que más llama la atención de los cronistas son las costumbres sexuales de los indígenas, que califican de excesivamente relajadas, quien sabe sin con ello dando origen a la visión del Caribe y sus habitantes como un lugar de promiscuidad y desinhibición erótica. En cualquier caso, quienes escriben lo hacen desde el punto de vista de un europeo de los siglos XV y XVI, que ve a los indígenas como unos salvajes sin civilizar. Y además no hay que olvidar que buena parte de los cronistas son al mismo tiempo clérigos o religiosos, lo que explica también los prejuicios y prevenciones que, en este apartado especialmente, manifiestan en sus escritos.

Lo primero que asombra a los españoles es la desnudez de los nativos, como ya expresa el mismo Colón: *Son así desnudos como su madre los parió, así mujeres como hombres.* Y también les sorprende la permisividad en las relaciones sexuales, especialmente por parte de las mujeres, una costumbre que condenan por considerarla lasciva y pecaminosa y que, muy pronto, se encargarán de erradicar.

También critican con gran fiereza la homosexualidad, una práctica que, a decir de Fernández de Oviedo, resultaba frecuente entre los nativos de La Española, pues *públicamente los indios que son señores y principales que en esto pecan tienen mozos con quien usan este maldito pecado; y los tales mozos pacientes, así como caen en esta culpa, luego se ponen naguas, como mujeres (...) y se ponen sartales y puñetes de cuentas y las otras cosas que por arreo usan las mujeres, y no se ocupan en el uso de las armas, ni hacen cosa que los hombres ejerciten, sino luego se ocupan en el servicio común de las casas, así como barrer y fregar y las otras cosas a mujeres acostumbradas (...).*

Al decir del cronista, la homosexualidad masculina estaba mal vista por las mujeres, a las que resultaba *muy aborrecible (...) más por su interés que por su conciencia.* La sujeción de la mujer a la autoridad del marido hacía que éstas no se atreviesen a *hablar en ello sino pocas veces, o con los cristianos.*

En el interior de las viviendas, la hamaca era el mueble más importante, usado tanto para descansar como para procrear. En la vida diaria los perros acompañaban a las familias, lo mismo que actualmente ocurre entre los grupos indígenas de la selva tropical. En los fogones, colocados cerca de los rincones de la casa, se cocinaba la comida familiar, utilizando vajillas de barro, con algunas piezas decoradas con las deidades del grupo.

59

Cuando emprendían algún viaje, los taínos llevaban sus hamacas y otras pertenencias en cestas, que recibían el nombre de *jabas*. Si era el cacique quien debía emprender un viaje a un lugar alejado del poblado, era transportado por sus sirvientes en una litera construida con madera y paja. Sus hijos de menor edad le acompañaban, cargados en hombros.

Con respecto a los castigos, las crónicas recogen que a quien sorprendían robando se le condenaba a morir empalado. El hurto era tenido por un crimen detestable, de tal forma que *no era perdonado ni por deudo, ni amistad y tenían casi por delito intentar que esa pena fuese perdonada o permutada por otra*.

En este apartado hemos de citar también una diversión muy particular, un juego en el que dos grupos se arrojaban lanzas los unos sobre los otros y en el que, inevitablemente, no faltaban los heridos ni aun los muertos.

A los primeros españoles les sorprenden algunas costumbres indígenas. Parece ser que aquellos fueron considerados como seres venidos del cielo, por lo que *les besaban, igualmente, los pies y las manos, como cosa sagrada, ofreciéndoles lo que consigo habían llevado*. En otra ocasión, los nativos, *llenos de asombro y de admiración, ponían la mano sobre la cabeza de los nuestros, como por honor. Les llevaban de comer, daban cuanto se les pedía, sin demandar por ello cosa alguna, y rogábanles que permaneciesen aquella noche en el pueblo*. No sabemos, sin embargo, si tenían estas muestras de hospitalidad ante todos los extraños o si bien, como dice el cronista, lo hicieron ante los españoles, a los que pudieron considerar como dioses.

También les asombra a los españoles encontrarse con mucha gente que *atravesaba a sus pueblos, mujeres y hombres, con un tizón en la mano, hierbas para tomar sus sahumerios que acostumbraban*. Se refiere muy posiblemente el cronista al uso del tabaco, algo desconocido en Europa y cuya función ritual y curativa tratamos con mayor detalle en el apartado referido a la medicina.

Sabemos muy poco más acerca de los usos y costumbres de la vida diaria, aunque en ocasiones las crónicas ofrecen como de pasada algunos datos interesantes. Así, por ejemplo, después de las comidas debió ser normal limpiarse las manos, como observó Colón tras un almuerzo con un cacique, al que *trujeron ciertas hierbas con que se fregó mucho las manos, creyó el Almirante que lo hacía para ablandarlas, y diéronle aguamanos.*

No queremos acabar el capítulo sin dejar constancia de que el asombro de los españoles por el mundo nativo, tantas veces citado en estas páginas, tuvo su correspondiente exacto desde el lado de los indígenas, ante quienes, no hay que olvidarlo, se presentaron unos seres extrañamente vestidos, con un lenguaje y costumbres incomprensibles para ellos. El encuentro entre estos dos mundos es, no lo olvidemos, recíproco, y así lo refrenda el mismo Colón, para quien los nativos *todo quieren ver, y preguntan qué es y para qué*, dando muestras de una curiosidad, por otra parte, perfectamente comprensible. Desgraciadamente, no disponemos de crónicas ni de ningún medio para saber cuál era el pensamiento y la opinión indígenas acerca de los recién llegados.

El mundo de las creencias

Los mitos. Los relatos míticos acerca del origen de los hombres y las cosas fueron recogidos en los primeros tiempos del contacto con los españoles por fray Ramón Pané en su *Relación acerca de las antigüedades de los indios*, la primera etnografía escrita y publicada sobre cualquier población americana. La labor del fraile —quien convivió con los taínos entre 1494 y 1498— fue, desde el punto de vista del historiador, excelente, por cuanto se trata de la mejor fuente que tenemos para conocer los mitos de estos pobladores de La Española. Desgraciadamente, el mismo fraile era consciente de que podía no haber reflejado con la fidelidad y claridad deseables todo cuanto le había sido contado, pues *como los indios no tienen letras ni escrituras, no saben contar bien estas fábulas, ni yo puedo escribirlas con exactitud. Por lo cual creo que pongo primeramente lo que debía ser lo último, y lo último lo que debía estar antes. Pero todo lo que escribo es según me lo contaron, y por tanto, yo lo refiero como lo supe de los indios.*

En cualquier caso, y pese a las carencias de la crónica, ésta nos ofrece algunos datos de valor incalculable para conocer cuál era el pensamiento mítico de los taínos de Santo Domingo.

Estos taínos pensaban que ellos mismos procedían de una parte de la isla llamada Caonao, donde se hallaba una montaña llamada Cauta y, en ella, una gruta conocida como Cacibajagua, de donde *salió la mayor parte de la gente que pobló la isla.* El primero en salir de la gruta fue un hombre llamado Guaguyona, quien partió con todas las mujeres abandonando a maridos e hijos, con la promesa de volver más tarde a buscarlos. El grupo recorrió diversos territorios en busca de un lugar en el que asentarse, hasta recalar en un sitio llamado Matininó, donde Guaguyona dejó a las mujeres para regresar a la montaña llamada Cauta. De esta isla, precisamente, recibirá Colón muchas informaciones, que contribuirán a alimentar el mito de las Amazonas:

(...) las mujeres de Matinino, que es la primera isla partiendo de España para las Indias que se halla, en la cual no hay hombre ninguno. Ellas no usan ejercicio femenil, salvo arcos y flechas (...).

También el relato mítico nos cuenta cómo surgió el mar. Éste salió de una calabaza en la que un hombre llamado Yaya había depositado los huesos de su hijo, a quien había matado. Un buen día la calabaza se volcó, y *dicen que fue tanta el agua que salió de aquella calabaza, que llenó toda la tierra, y con ella salieron muchos peces.*

El sol y la luna surgieron también, como los hombres, de una gruta, llamada Iguanaboina. Por este motivo los taínos llevaban flores y ofrendas a la cueva, en la que *había dos* cemíes, *hechos de piedra, pequeños, del tamaño de medio brazo, con las manos atadas, y en actitud de sudar; cuyos* cemíes *estiman ellos mucho, y cuando no llovía, dicen que entraban allí a visitarlos y de repente venía la lluvia. De estos cemíes, a uno llamaban Boinayel y al otro Márohu.*

Finalmente, acabaremos este apartado refiriendo cómo surgieron de nuevo las mujeres en la isla de La Española, tras su marcha anterior. Estando un día los hombres bañándose, vieron caer de los árboles una especie de personas asexuadas, que carecían tanto de las formas del hombre como de las de la mujer. Cuando consiguieron capturarlas, las ataron a todas de pies y manos y ataron junto a ellas a un pájaro carpintero, llamado *inriri*. Éste, pensando que se trataba de troncos, *comenzó la obra que acostumbra, picando y agujereando en el lugar donde ordinariamente suele estar la naturaleza de las mujeres. De este modo dicen los indios que tuvieron mujeres, según contaban los muy viejos.*

Los cemíes. Los taínos tenían un sistema de creencias más complejo que el que caracteriza en general a las aldeas simples que pueblan actualmente ciertas zonas de América del Sur. La religión taína se puede catalogar como de tipo animista, y en ella el núcleo lo ocupaba el llamado culto a los *cemíes*. Los *cemíes* eran representaciones materiales de dioses, siendo a veces estos objetos de uso personal:

Todos, o la mayor parte de los indios de la isla Española, tienen muchos cemíes de diversos géneros. Unos contienen los huesos de su padre, de su madre, de los parientes, y de otros sus antepasados; los cuales están hechos de piedra o de madera. Y de ambas clases poseen muchos. Hay algunos que hablan; otros que hacen nacer las cosas de comer; otros que hacen llover, y otros que hacen soplar los vientos.

Muy probablemente cada grupo tribal tendría sus propios cemíes, si bien se piensa que a finales del siglo XV algunas de estas deidades pudieran haber sido veneradas por todos los grupos taínos. Esto explicaría la extensión de los conocidos como ídolos de tres puntas o trigonolitos, representantes de Yocahú, *Señor de la yuca*, también llamado Yucahú-Guamá o Yocahú-Bagua-Maorocoti. Mediante estos trigonolitos se intentaba favorecer la fertilidad tanto de los campos como de las mujeres, por lo que eran enterrados para conseguir buenas cosechas, atraer el sol y la lluvia cuando hicieran falta y asegurar un buen parto.

Aparte de éste, existía una multitud de *cemíes*, de ambos sexos, aunque los principales pertenecían a los caciques. Fray Ramón Pané es la mejor fuente para conocerlos, pues nos dejó escritas algunas notas sobre varios de ellos.

El *cemí* Buya y Aiba es también conocido como Baibrama, y de él dicen que cuando hubo guerras lo quemaron, y después, lavándolo con el jugo de la yuca, le crecieron los brazos, le nacieron de nuevo los ojos y creció de cuerpo. Baibrama provocaba enfermedades, de forma que cuando alguien enfermaba el behique o chamán respondía que era el dios quien se la había enviado.

Otro *cemí* era conocido como Corocote, *quien bajaba de noche y yacía con las mujeres (...). Dicen además que en la cabeza le nacieron dos coronas, por lo que solía decirse: «Pues tiene dos coronas, ciertamente es hijo de Corocote».*

El *cemí* Opiyelguobiran, construido en madera, tenía cuatro patas de perro y se escapaba de la casa en la que se guardaba para internarse *en la selva, donde iban a buscarle, y vuelto a casa lo ataban con cuerdas, pero él se volvía al bosque.* El cronista recoge la creencia según la cual el *cemí* huyó cuando llegaron los españoles, habiéndosele perdido el rastro desde entonces. Cita también el fraile Pané a Guabancex, *cemí* femenino hecho de piedra que se hacía acompañar de otros dos ídolos; uno es Guataúba, su pregonero, y el otro Coatrisquie, *gobernador de las aguas*. Entre los tres provocan tempestades, inundaciones y vientos huracanados. Por último, se menciona a Baraguabael, *cemí* de un cacique principal de la isla La Española, al que se dan distintos nombres. Baraguabael estaba hecho de madera y fue encontrado durante una cacería, siendo trasladado a una casa que se le levantó para albergarle. El *cemí*, no obstante, se escapó en varias ocasiones y volvió cerca del lugar en el que fue hallado, por lo que *lo ataron de nuevo y lo pusieron en un saco*, pese a lo cual no persistió en su empeño de huir.

Estos *cemíes*, muchos de cuyos ejemplares se conservan en la actualidad, eran representados en forma de figuras hechas de madera, barro, hueso, concha, piedra, tejidos, etc. El mismo Pané no dice que:

Los cemíes de piedra son de diversas hechuras; algunos hay que suponen sacados por los médicos del cuerpo de los enfermos; de éstos guardan aquellos que son mejores para el parto de mujeres preñadas. Hay otros que hablan, los cuales son de figura de un grande nabo con las hojas extendidas por tierra, y largas como las de alcaparras.

Las imágenes eran guardadas por los caciques en sus casas o bien se les construía un adoratorio separado del pueblo, una casa en la que *no se trabaja para más efecto que para el servicio de los cemíes, con cierta ceremonia y oración que ellos hacen allí, como nosotros en las iglesias*. En estos adoratorios se llevaba a cabo la ceremonia de la *cohoba*, mediante de la cual se entraba en comunicación con el *cemí*.

Los *cemíes* representaban a la comunidad, eran su símbolo máximo, protector y dador de bienes. Por este motivo se guardaban siempre en lugares seguros, como las mismas viviendas de los caciques, y también por ésto *se alaban los caciques y los pueblos de tener mejor* cemí, *los unos, que los otros*.

Aparte del ritual de la *cohoba*, otra forma de comunicar con el *cemí* era el ayuno, que según De las Casas podía llegar a durar siete días. En este período, los sacerdotes solamente ingerían un zumo de hierbas, con el que también se aseaban. Igualmente De las Casas informa de que en Cuba el ayuno podía durar cuatro meses, en lo que los sacerdotes se alimentaban con el jugo de una planta que, según él, podía ser la coca.

Sacerdotes y ceremonias. Los *behiques* o *buihitim* eran los intermediarios entre los hombres y lo sagrado. A ellos correspondía tratar con los *cemíes* y cuidar de ellos, dirigir o realizar los rituales, adivinar el futuro y curar las enfermedades:

Hay algunos hombres que practican entre ellos, llamados behiques, los cuales hacen muchos engaños, como más adelante diremos, para hacerles creer que hablan con los muertos, y por esto saben todos los hechos y los secretos de los indios; y cuando están enfermos les quitan la causa del mal (...).

Estos chamanes jugaban un papel fundamental en la vida cotidiana de los taínos. A ellos se consultaba sobre el futuro, sobre la causa de las enfermedades y su curación, sobre la divinidad y su influencia sobre los hombres. En consonancia con los caciques, los sacerdotes manejaban los resortes de la vida de las poblaciones, pues todos y cada uno de los actos vitales, tales como cazar o cultivar, se consideraban impregnados de una fuerte espiritualidad. El poder de los sacerdotes se basaba en su prestigio como intermediarios entre los hombres y la divinidad, un prestigio que acrecentaban gracias al conocimiento empírico de algunas hierbas y sus aplicaciones curativas. Los rituales y ceremonias, en los que los sacerdotes eran las figuras centrales, servían también para marcar su poder e influencia. También son ellos los garantes de la tradición, pues conocen los ritos y las historias tribales. Los taínos *tienen su ley expuesta en canciones antiguas, por las que se gobiernan, y el* conocimiento y transmisión de esta historia oral es misión exclusiva de los sacerdotes.

Las fiestas religiosas tenían una importancia vital para las poblaciones. En ellas se comunicaban con los *cemíes*, a los que realizaban ofrendas con la finalidad de conseguir su favor y protección. A los *cemíes* se entregaban parte de las cosechas, probablemente los primeros frutos. Estos bienes los depositaban en las casas de los caciques en las que se guardaba el *cemí* y, al decir de De las Casas, *todo aquello que de esta manera ofrecían se estaba allí o hasta que se pudría, o los niños lo tomaban, o jugaban, o desperdiciaban, y de esta manera se consumía.*

La fiesta dedicada a un *cemí* comenzaba con una procesión encabezada por el cacique. Los hombres marchaban con sus cuerpos pintados en rojo, negro y amarillo, llevando collares, brazaletes y tobilleras de concha y penachos de plumas exóticas; detrás iban las mujeres, las casadas vestidas con una ligera faldilla y las solteras desnudas por completo. Delante de todos, el cacique era el primero en entrar al adoratorio, en el que se encontraban los sacerdotes custodiando al ídolo. Una vez dentro, el cacique comenzaba a tocar un tambor mientras el resto de participantes iba entrando. Cuando todos habían traspasado el umbral, el cacique se provocaba el vómito introduciéndose por la boca una espátula vómica, tras lo que se consideraba ya purificado y en disposición de continuar la ceremonia.

A continuación, todos agachados, comenzaban a cantar letanías y canciones ancestrales. Más tarde llegaban algunas mujeres cantando y portando canastas de pan y flores. Las mujeres se colocaban rodeando a los que estaban cantando, que se ponían de pie para replicarles. Cuando acababa esta *lucha* de canciones comenzaba una nueva en honor del cacique. En este momento el pan para el *cemí* era entregado a los sacerdotes, quienes lo distribuían a la concurrencia. Mediante esta ceremonia el pan se consideraba un objeto sagrado, que era guardado en las casas para que protegiese a las familias.

El ritual de la cohoba. Cuando era necesario realizar una consulta al *cemí* con motivo de algún problema de salud, una guerra, realizar predicciones, prevenir huracanes o plagas, etc. se recurría al rito de la *cohoba*. Se trataba de un ritual mágico-religioso en el cual el cacique y sus seguidores, los *nitaínos*, se reunían con los sacerdotes para consultar a un ídolo o *cemí* o a Yocahú, deidad de la yuca.

El cacique actuaba durante el rito como mediador entre la comunidad y la divinidad, con la que comunicaba inhalando por sus fosas nasales unos polvos alucinógenos. Estos polvos se extraían de semillas de la planta *Anadanthera peregrina* o *Piptadenia peregrina*, y se inhalaban con un tubo de madera profusamente decorado que, en su extremo, se bifurcaba, permitiendo ser introducido por las fosas nasales.

La ceremonia estaba rodeada de gran solemnidad, acompañada por la música de tambores y maracas. Los polvos alucinógenos se depositaban sobre la cabeza de una estatuilla con una especie de plato, una figura conocida como *ídolo de la cohoba* que generalmente tenía una altura entre 40 y 60 centímetros. Rodeado por sus expectantes seguidores y asistentes, el cacique, sentado en su *duho,* se provocaba vómitos introduciéndose hasta la epiglotis una *espátula vomitiva,* una talla realizada con costillas de manatí o madera de guayacán representando animales o formas humanas. El vómito era necesario antes de entrar en contacto con la deidad. Hecho esto pasaba a aspirar la droga por la nariz. Cuando ésta hacía efecto, el cacique entraba en trance y comenzaba a hablar, explicando la visión que estaba teniendo. El tantas veces citado Fray Ramón Pané dejó escrito que el cacique:

(...) está algún tiempo con la cabeza baja, y los brazos encima de las rodillas; luego alza la cabeza mirando al cielo y habla. Entonces todos contestan a un tiempo con voz alta; y luego que

han hablado todos para darle gracias, les cuenta la visión que tuvo
embriagado con la cohoba *que tomó por la nariz y le subió a la*
cabeza. Dice haber hablado con los cemíes, *y que los indios con-*
seguirán victoria, que sus enemigos huirán; que habrá una gran
mortandad, guerras, hambres u otras cosas tales (...).

Algunos autores afirman que para el mismo fin se
usaba una mezcla de tabaco con varias plantas alucinógenas. El rito de la *cohoba* fue practicado en las Antillas
desde la llegada de las primeras poblaciones de arawakos,
siendo una tradición heredada de los grupos pobladores
de la selva tropical sudamericana, donde aún hoy en día
se lleva a cabo. El ritual de la *cohoba* se practicaba también
cuando se iba a construir un cemí de madera, pues era
preciso conocer con exactitud cuál era el árbol apropiado
para este fin. Pané relata que cuando alguien encontraba
un árbol apropiado —que se mueve hasta la raíz— debía
preguntarle *quién es.* Ante la pregunta el árbol pedía la
presencia de un *behique,* el especialista religioso, quien se
sentaba junto al árbol y comenzaba a hacer el ritual de la
cohoba. Después (...) *se levanta y le dice todos sus títulos como*
si fueran de un gran señor, y le dice: «Dime quién eres, qué
haces aquí, qué quieres de mí y por qué me has hecho llamar;
dime si quieres que te corte, o si quieres venir conmigo, y cómo
quieres que te lleve; yo te construiré una casa con una heredad».
Entonces, aquel árbol o cemí, *hecho ídolo o diablo, le responde*
diciendo la forma en que quiere que lo haga. El brujo lo corta y
lo hace del modo que se le ha ordenado; le edifica su casa con una
posesión, y muchas veces al año le hace la cohoba, cuya *coho-*
ba es para tributarle oración, para complacerle, para saber del
cemí *algunas cosas malas o buenas, y también para pedirle*
riquezas.
El ritual de la *cohoba* también se realizaba cuando se
deseaba curar a un enfermo, correspondiendo en este
caso ejecutarlo al *behique,* en un proceso que se explica en
el apartado correspondiente a la medicina.

El juego de pelota. Una de las características más originales de la cultura taína era la práctica del juego de pelota, probablemente llegado a las Antillas desde las tierras mesoamericanas, aunque existían sensibles diferencias entre el que se practicaba en un área y en otra. Se han hallado restos arqueológicos referentes al juego tanto en Puerto Rico como en Santo Domingo. Los sitios arqueológicos de Caguana y Tibes, ambos en Puerto Rico, conservan sendos recintos de juego de pelota.

Se trataba tanto de una actividad deportiva o de entretenimiento como ritual. El juego se desarrollaba en un lugar específico, denominado *batey*, un campo o plaza en el que existían asientos para los espectadores, de piedra para la gente llana y de madera para los principales. Algunas excavaciones arqueológicas en las Antillas Mayores han sacado a la luz diversas estructuras de campos de juego, como diques en la tierra, bolas de piedra y filas de piedras colocadas verticalmente rodeando plazas o patios *tenían una plaza comúnmente ante la puerta de la casa de su señor, muy barrida, tres veces más luenga que ancha, cercada de unos lomillos de un palmo o dos de alto; salir de los cuales lomillos la pelota era falta.*

La palabra *batey* designa tanto al lugar en el que se celebraba el juego de pelota, como al juego mismo y a la pelota con la que se jugaba. Hoy en día, el término se sigue usando en la República Dominicana para designar a los porches de las casas.

En el juego participaban dos equipos enfrentados, de hasta 20 o 30 jugadores, pudiendo jugar tanto hombres como mujeres. Era posible, aunque no frecuente, celebrar partidos mixtos. Los jugadores participaban desnudos, aunque las mujeres casadas se vestían con unas faldillas, mientras que las mujeres de la nobleza se ponían unas piezas de vestido que les llegaba por la rodilla.

Elemento principal del juego era la pelota, una bola posiblemente construida con *cupey* (*Clausea rosea*) o con una mezcla de raíces y hierbas, materiales que eran cocidos hasta formar una pasta a la que posteriormente se daba forma esférica. La pelota resultaba muy pesada, aunque podía rebotar en suelo y paredes.

Los integrantes de los dos equipos debían enviar la bola al contrario. Para ello podían utilizar cadera, hombros, cabeza, codos y otras partes del cuerpo, pero no estaba permitido tocar la bola con las manos. Se trataba de evitar que la pelota cayera al suelo o bien que excediera los límites del campo.

Echaba uno de los de un puesto la pelota a los del otro, e rebatíala el que se hallaba más a mano, si la pelota venia por alto, con el hombro, que la hacia volver como un rayo; e cuando venia junto al suelo, de presto, poniendo la mano derecha en tierra, dábale con la punta de la nalga, que volvía más que de paso; los del puesto contrario, de la misma manera la tornaban con las nalgas, hasta que, según las reglas de aquel juego, el uno o el otro puesto cometía falta.

El juego era ciertamente duro y difícil, requiriendo una gran preparación física por parte de los participantes. Algunos jugadores entrenaban en campos específicamente diseñados para este fin, especialmente en los grandes núcleos de población.

Cosa era de alegría verlos jugar cuando encendidos andaban, e mucho más cuando las mujeres unas con otras jugaban, las cuales no con los hombros ni las nalgas, sino con las rodillas la rebatían e con los puños cerrados.

El juego de pelota debió despertar grandes pasiones, existiendo evidencias de que se concertaban grandes apuestas y se intercambiaban productos con motivo de la celebración de un partido: *Cada uno ponía lo que tenía, no mirando que valiese mucho más lo que el uno más que el otro a perder aventuraba.* Un español, Diego Méndez, fue jugado durante un partido en la isla de Jamaica, aunque finalmente consiguió salvar la vida. Se sabe también que solían celebrarse juegos cada vez que un poblado debía tomar una decisión importante. La llegada de los españoles erradicó la práctica del juego, pues estaba rodeado de un profundo significado ceremonial.

Los ritos funerarios. Los taínos creían que al morir marchaban a un valle en el que se reunían con los antepasados. Pané informa de que este lugar se *llama Coaibai*, que traduce *como casa y habitación de los muertos*, y que está en un extremo de la isla, llamado Soraya. Otro cronista, Hernando Colón, escribió que los muertos van a *cierto valle, que cada cacique principal cree estar en su país, y afirman que allí encuentran a sus padres y a sus antecesores; que comen, tienen mujeres y se dan a placeres y solaces.*

Para llegar a este paraíso las almas de los muertos, *opía*, debían recorrer un camino largo, durante el cual habrían de consumir alimentos y bebidas, lo que explica que se les enterrase junto con todo tipo de viandas, así como con útiles que podrían usar en la vida de ultratumba.

Sobre la existencia de los muertos en este lugar, Pané dice que *durante el día los muertos están recluidos; por la noche van a recreo, y comen cierto fruto que se llama guayaba*, mientras que por la noche se transforman en fruta y se mezclan con los vivos.

El alma de los muertos podía aparecerse a los vivos tanto en forma de hombre como de mujer, dando lugar a un grave engaño. Así, algunos hombres del poblado podían sentirse atraídos por una mujer sin saber que se trataba de una muerta, *y cuando piensan abrazarlas, no tienen nada, porque desaparece de repente.* La única manera de reconocer a los difuntos era tocarles el vientre, *y si no les encuentran el ombligo dicen que es operito, que quiere decir muerto, pues dicen que los muertos no tienen ombligo.*

También pensaban que el alma de los muertos se aparecía siempre de noche, y podía hacerlo en la forma de algún pariente próximo. Por este motivo, *no sin gran miedo se atreve algún indio a ir solo de noche.* Cuando alguien estaba próximo a morir debía ser sacado de la vivienda, pues de otro modo su espíritu se quedaría por siempre en ella y se aparecería a los vivos.

Los cadáveres eran enterrados en lugares señalados, a modo de cementerios. Generalmente se enterraba al cuerpo en cuclillas o posición fetal, siempre acompañado con parte de sus pertenencias, como vasijas, amuletos, etc., una cantidad de objetos que en el caso de los niños era mayor. Si el que moría era un cacique, éste era enterrado junto con una o varias esposas, una modalidad de enterramiento que era habitual también entre los chibchas y los tairomas de Colombia. La mujer elegida para ser enterrada junto al cacique era llamada *athebeane nequen*. La mujer o mujeres eran enterradas vivas, tanto de forma voluntaria como a la fuerza, algo que los españoles evitaron con ocasión del entierro del cacique Beechío. En el funeral correspondiente, los bienes del cacique fallecido se repartían entre los caciques asistentes.

Existió también la cremación del cadáver, así como el enterramiento secundario, un rito según el cual el cuerpo, tiempo después del fallecimiento, era despojado de algunos huesos, que se depositaban en otra parte. También se usaba la desecación del cadáver mediante el fuego. Éstas y otras formas de enterramiento fueron descritas por Hernando Colón: *la manera de sepultar a sus caciques es la siguiente: abren el cadáver del cacique y lo secan al fuego para que se conserve entero; de los otros, solamente toman la cabeza; a otros los sepultan en una gruta y ponen encima de la cabeza pan y una calabaza llena de agua. Otros, los queman en la casa donde muere, (...).*

El cuerpo del cacique fallecido se envolvía con telas de algodón. Como última morada se construía una especie de cámara funeraria excavada en el suelo, con un enramado para evitar el contacto con la tierra. El cadáver se depositaba sentado y atado a un *duho*, junto con objetos personales indicativos de su alto rango y algunos alimentos. Las exequias y ceremonias por la muerte del cacique podían prolongarse hasta una veintena de días, incluyendo rezos y cánticos en lo que se rememoraban los hechos principales de la vida del difunto. Probablemente estos cantos quedaban incorporados a las ceremonias y fiestas, con lo que todo el pueblo recordaba al cacique como a un héroe.

Artes y conocimientos

Los taínos se distinguieron por su alto grado de desarrollo en cuanto a la cultura material, recogiendo un legado que les viene dado desde dos direcciones diferentes. Por un lado, reciben los conocimientos y técnicas de los grupos que les precedieron; por otro, toman de sus vecinos determinados elementos, creencias y conocimientos. Todo este conjunto, sin embargo, lo supieron adaptar a sus propias necesidades y esquema cultural, dándole un contenido y forma específicos. Los taínos fueron buenos tejedores, trabajaron la piedra con notable maestría, elaboraron una alfarería de gran mérito y confeccionaron cestos con suma habilidad. También destacaron por su manejo experto de la madera, la concha o el hueso. El resultado: la mayor y mejor expresión de arte de todo el Caribe insular.

Con respecto a los conocimientos técnicos, poco o muy poco es lo que sabemos. La medicina mezcla algunos saberes empíricos con ciertas creencias animistas, pensando que la enfermedad es causada por la acción de fuerzas sobrenaturales que, no obstante, pueden ser corregidas. En cualquier caso, los conocimientos taínos pueden ser catalogados como pre-científicos, sin que, al menos que sepamos, hubieran alcanzado un grado de profundización notable. A modo de ejemplo, sabemos que su sistema numeral era muy limitado, utilizando los dedos de las manos y los pies. A cada número del uno al diez se le había asignado un nombre: *hequeti* (1), *yamoca* (2), *canocum* (3), *yamoncobre* (4)... Para contar por encima de la decena, juntaban las manos y señalaban los dedos de los pies que consideraban necesarios.

El arte taíno. Como quiera que la cultura taína se extiende por territorios diversos, como Cuba, La Española, Puerto Rico, Vieques, Bahamas y Jamaica, su arte contempla diferencias locales que, no obstante, no impiden contemplar el arte taíno desde una cierta unidad.

La arquitectura taína, ya inicialmente tratada en el apartado referente a los poblados y las viviendas, utilizó la madera para sus construcciones, lo que explica que apenas nos haya llegado nada de ella. Los restos que quedan pertenecen a estructuras de piedra, principalmente el *batey*, la plaza ceremonial en la que se celebraba el juego de pelota. En algunos de estos *bateyes*, como el del Corral de los Indios (San Juan de la Maguana, República Dominicana), se conservan columnas en pie. En este mismo país se encuentran los *bateyes* de Chamey o de Dajabón. En Cuba se puede ver el *batey* del Pueblo Viejo, en Baracoa, con una extensión de 200 × 100 metros. Finalmente, en Puerto Rico existen los de Utuado, Capa y los del área de los ríos Bayamón y Manatí.

Junto con los *bateyes*, de las grandes construcciones taínas se conservan ciertas obras de ingeniería. Entre éstas se encuentran el camino que une el *batey* de Chacuey hasta un río próximo o el canal que une el río Yaqui del Sur con la laguna de Cristóbal, en la República Dominicana. Para completar el cuadro de las grandes construcciones taínas es preciso citar las estructuras megalíticas de Ivana Díaz y de la Mesa de Piedra del Indio, ambas en Puerto Rico.

En las islas de Santo Domingo, Cuba y Puerto Rico, los taínos utilizaron los abrigos rocosos y las cuevas como lugares de significación ritual, donde debieron desarrollarse ciertas ceremonias. El resultado son una serie de petroglifos y representaciones rituales que fueron realizadas en las entradas de las cavernas, en las que se representan escenas rituales y de la vida cotidiana, así como figuras antropomorfas. Estos mismos motivos se han encontrado en algunas rocas situadas sobre cursos de agua, como ocurre en los sitios de Chacuey y Yuboa, los dos en la República Dominicana.

En este mismo tipo de lugares, generalmente hacia las zonas interiores de las cavernas, se han encontrado también ciertas pictografías o dibujos simbólicos, realizadas con un mayor vigor y una menor abstracción, recurriendo menos al esquematismo. Los materiales utilizados fueron óxidos metálicos y ocres. En general representan escenas de la vida cotidiana, como animales, rituales o actividades de subsistencia. Los sitios más importantes son las Cuevas de las Maravillas, las de Borbón o las de la Bahía de San Lorenzo, en la República Dominicana, o las cuevas de la isla de los Pinos, al sur de Cuba. También en el mencionado Chacuey aparece un buen número de petroglifos.

En culturas como la taína resulta difícil distinguir entre los objetos que se catalogarían como artísticos y los que son de uso cotidiano, pues lo habitual es que éstos recibieran un trabajo muy elaborado, con decoraciones y ornamentos que no responden exclusivamente a una intención funcional. Así ocurre con elementos como los duhos, las espátulas vómicas y los llamados *ídolos de la cohoba*, todos ellos relacionados con éste ritual.

Los duhos fueron objetos en los que los taínos plasmaron una gran expresividad artística. Hechos en madera de guayacán —de gran resistencia, lo que ha permitido su conservación— o en piedra, presentan complicados relieves e incisiones. Todos los *duhos* fueron tallados de una sola pieza. Las espátulas vómicas se realizaron tanto en hueso como en madera o en concha, con forma humana o animal. Finalmente, los *ídolos de la cohoba* son estatuillas en las que se representa a la divinidad, con un platillo sobre la cabeza en el que seguramente se depositaban los polvos alucinógenos. Se ha interpretado que estos ídolos simbolizan al dios de la yuca Baibrama, mostrado con grandes ojos circulares y boca con dientes.

También para una función ceremonial fueron realizadas las hachas, en piedra volcánica o roca sedimentaria. Las hachas más típicas son las petaloides, que reciben este nombre por parecerse a pétalos de flores, con la superficie pulida y decorada con figuras antropomorfas.

Entre las más características piezas de la escultura taína se encuentran los llamados trigonolitos o ídolos de tres puntas. Se trata de figuras de aspecto triangular, en general con uno de los vértices representando el cráneo y el otro una mandíbula, con la boca y los ojos excavados en profundidad. Existen sin embargo muchas variantes de estas figuras, lo que ha permitido suponer que cada clan tenía un tipo de representación propio. Estas piezas fueron usadas como ofrendas en los *conucos* y algunos enterramientos.

Los collares o aros de piedra son también típicos de la cultura taína. Se trata de piezas del tamaño de un cinturón humano y de forma ovalada o casi circular, pulidos por su lado interno y esculpidos por el exterior. Los ejemplares más decorados son los de Puerto Rico, en contraposición con los hallados en Santo Domingo. Probablemente estos aros estuvieron relacionados con el juego de pelota.

De mucho menor tamaño son las figurillas, amuletos y cuentas de collar, con un agujero para ser engarzados. Realizadas en varios tipos de roca, algunas figuras representan a un hombre en cuclillas, mientras que otras muestran a una mujer embarazada. Su finalidad era proteger al portador de la posible acción contra él de elementos mágicos malignos.

La cerámica presenta una gran variedad. En general muestran una decoración profusa, realizada con modelado e incisiones, con motivos similares a los que se muestran en piezas realizadas en otros materiales, como piedra, madera, concha o hueso. Son característicos los vasos efigies, que también se realizaron en madera, así como las *potizas* —término proveniente del español «botija»—, objetos de uso cotidiano utilizados para extraer agua de los pozos, para lo que se les ataba una cuerda al cuello. Son muy frecuentes las *potizas* acorazonadas, con formas de mamas y salida con representaciones antropomorfas.

Ejemplos importantes de alfarería fueron también las pintaderas o sellos, muestra de la preocupación estética de los taínos. Se trata de objetos de cerámica a modo de tampones o sellos, con motivos geométricos incisos, con los que se decoraban el cuerpo tras mojarlos en algún colorante.

Finalmente, para acabar con este apartado es preciso hablar de la orfebrería, cuyo trabajo estaba revestido de una fuerte religiosidad. Antes de extraer el mineral los hombres debían apartarse *de sus mujeres, teniendo castidad algunos días.* Con oro realizaban amuletos, figuras, adornos labiales, orejeras, etc., como *un cinto que en lugar de bolsa traía una carátula que tenía dos orejas grandes de oro de martillo, y la lengua y la nariz,* que recibió Colón como regalo de un cacique. En la confección de estas piezas usaban arena fina y una hierba, cabuya (*Agave sisalana*), con la que pulían la pieza por frotamiento y realizaban pequeños cortes. El trabajo, a juicio de Fernández de Oviedo, era excelente, aunque el cronista se queja de que los indígenas guardaban celosamente el secreto de sus técnicas.

La medicina. Correspondía a los *behiques* o sacerdotes la práctica de la medicina, pues los taínos consideraban que la enfermedad era causada por las fuerzas sobrenaturales y sólo los chamanes eran capaces de entender y controlar estas fuerzas. Además, estos sacerdotes tenían conocimientos empíricos sobre el cuerpo humano y el uso de plantas medicinales, de las que se ayudaban en sus curaciones.

Cuando algún principal caía enfermo se avisaba al *behique,* quien se preparaba para el ritual que debía llevar a cabo y estaba obligado a ayunar y a purgarse como el paciente. Antes de salir de su casa, el *behique* debía tiznarse la cara con ceniza y tomar *algunos huesecillos y un poco de carne, y envolviendo todo aquello en algo para que no se caiga, se lo meten en la boca.* Cuando llegaba a la vivienda del enfermo, *se sienta, y*

todos callan; si allí hay niños los echan fuera, para que no impi-
dan su oficio al behique, no quedando en la casa sino uno o dos de
los más principales. Inmediatamente después, médico y
enfermo practicaban la ceremonia de la *cohoba.* Hecho esto,
ambos tomaban algunas plantas para provocar el vómito y
empezaban a entonar un cántico y a beber un jugo de hierbas. Al poco se levantaba el *behique* y comenzaba a manejar
el cuerpo del enfermo: *le da dos vueltas, como le parece; luego*
se lo pone delante, le toma por las piernas, le palpa los muslos y
de allí hasta los pies; después tira de él fuertemente, como si qui-
siera arrancar alguna cosa (…).

Después de esto el chamán se acercaba a la puerta de
la casa y la cerraba diciendo «*Vete luego a la montaña, o al*
mar, o donde quieras»; después soplaba *como si despidiese una*
paja y volvía de nuevo junto al paciente, juntaba las manos,
cerraba la boca, se soplaba las manos y aspiraba. Más tarde
se dirigía al enfermo, al que sorbía por todas partes: cuello,
estómago, espalda, mejillas, pecho, vientre, etc. Cuando
había acabado, el *behique* comenzaba a toser y a poner *mala*
cara, como si hubiese comido alguna cosa amarga. Después se
escupía en la mano y expulsaba de su boca lo que previamente, en su casa o de camino, se había introducido en
ella.

Si lo escupido era algún alimento, significaba que la
enfermedad había sido causada por algo que había comido
y le había sentado mal. Entonces el *behique* le decía:

Has de saber que tú has comido una cosa que te ha producido
el mal que padeces; mira cómo te lo he sacado del cuerpo, donde tu
cemí te lo había puesto porque no le hiciste oración, o no le fabri-
caste algún templo, o no le diste alguna heredad.

Si lo que se extraía era una piedra, le decía «*Guárdala bien*»,
pues se pensaba que la piedra favorecía el parto de las mujeres y por eso *las tienen muy custodiadas, y envueltas en algodón,*
las ponen en cestillas, y les dan de comer lo mismo que a ellos.

Los *behiques* tenían gran poder y eran objeto de mucho respeto, por lo que raramente eran cuestionadas sus actuaciones. Sin embargo, si el paciente fallecía y tenía muchos parientes o era un cacique, podía ocurrir que el médico fuese inculpado de no haber hecho correctamente el ritual de curación. En este caso, los parientes intentaban averiguar si efectivamente el médico se había equivocado o si el paciente no había seguido sus prescripciones, fundamentalmente si no había hecho ayuno. Para averiguarlo, existían tres métodos.

En el primero de ellos, los parientes cortaban al muerto las uñas y los cabellos de encima de la frente y los mezclaban con el jugo de una hierba. El brebaje lo daban de beber al cadáver por la boca o por la nariz, preguntándole cuál había sido la causa de su muerte: *Esto se lo demandan muchas veces hasta que al fin habla tan claramente como si fuese vivo; de modo que viene a responder todo.* Cuando los parientes habían averiguado lo que querían saber, entonces podían enterrar el cadáver.

Otro método para conocer la posible culpa del *behique* en la muerte de un hombre consistía en encender una gran hoguera y echar al cadáver sobre las brasas, cubriéndolo de tierra. Hecho esto comenzaban a preguntarle, como se hacía en el caso anterior.

Finalmente, el tercer método consistía en observar el humo que salía por la chimenea de la casa del *behique*. Si el humo, después de salir, volvía hacia abajo y entraba de nuevo en la casa, el médico enfermaba, se le llenaba el cuerpo de úlceras y se le pelaba. Se consideraba entonces que, contrariamente a lo prescrito por el ritual, no había ayunado antes de atender al paciente, por lo que éste había muerto.

Si los parientes encontraban que el *behique* era culpable, organizaban su venganza. Para llevarla a cabo, se juntaban todos un día y propinaban al chamán una fuerte paliza, rompiéndole brazos, piernas y cabeza y dejándolo por muerto. Sin embargo, los taínos pensaban que esto no era suficiente para matar a un *behique*, ya que:

A la noche dicen que van muchas sierpes de diversas clases, blancas, negras, verdes y de otros muchos colores, las cuales lamen la cara y todo el cuerpo del médico que dejaron por muerto, como hemos dicho. Este permanece así dos o tres noches; en este tiempo, dicen que los huesos de las piernas y de los brazos tornan a unirse y se sueldan, de modo que se levanta, camina despacio y se vuelve a su casa; quienes lo ven le interrogan diciendo: «¿no estabas muerto?»; pero él responde que los cemíes fueron en su auxilio en forma de culebras.

Con el médico vuelto a la vida, los parientes del difunto volvían a juntarse e intentaban apresarle de nuevo. Si lo conseguían, entonces volvían a matarle, pero antes debían tomar una precaución: *le sacan los ojos y le rompen los testículos, porque dicen que ninguno de estos médicos puede morir a palos y golpes, por muchos que reciba, si antes no le arrancan los testículos.*

El tratamiento medicinal descrito era el que se seguía con los caciques y sus familiares. Si quien enfermaba era un miembro del grupo dominado, sus parientes le abandonaban en el monte, tumbado en una hamaca y *les ponen agua y pan al lado de la cabeza, los dejan solos y no vuelven a verlos más.* En otras ocasiones, cuando alguien estaba gravemente enfermo debía ser llevado ante el cacique, para que éste decida si *deben estrangularlos o no, y hacen lo que manda.*

En sus curaciones, los *behiques* se ayudaban, aparte de la *cohoba* y de otras hierbas, del tabaco, nombre del que no sabemos a ciencia cierta si describía a la planta o a la caña que se usaba para aspirar su humo. La planta la utilizaban los curanderos taínos fundamentalmente para extraer enfermedades, expulsar del cuerpo del enfermo al espíritu que le causa el mal e incluso como sahumerio. Según algunos autores contemporáneos, el tabaco era fumado sólo como uso ritual y terapéutico, aunque también parece que en ocasiones los taínos se reunían para fumar en grupo, sin que este hecho respondiese a ninguna ceremonia. En estos casos parece que se trataba de una actividad social, en la que el objetivo era pasar un rato de ocio. Los peligros del tabaco ya eran advertidos por Benzoni, quien indicó que algunos llegaban a desmayarse con el humo, permaneciendo *aturdidos la mayor parte del día o de la noche*.

Anexo: La extinción de los taínos

Como hemos visto en las páginas precedentes, a finales del siglo XV los taínos ocupaban principalmente el área de Santo Domingo y Puerto Rico, entre otras zonas, y se encontraban en pleno desarrollo cultural, siendo probable que se produjera algún contacto con otras áreas más evolucionadas, como Mesoamérica. En Santo Domingo, se calcula que la población taína podía alcanzar en 1492 los 400.000 individuos. Hacia 1560, es decir, menos de siete décadas más tarde, la población taína prácticamente se había extinguido. La causa fundamental de este proceso fue la conquista española, que trajo consigo una serie de bruscos cambios que incidieron en la acelerada desaparición del elemento indígena. La acción española sobre la población indígena resultó sumamente destructiva, siendo varias las causas que provocaron la aniquilación física de los taínos y la extinción de su cultura.

En primer lugar, los combates entre españoles e indios fueron claramente desfavorables para los segundos, pues no estaban preparados ni material ni culturalmente para un enfrentamiento como el que estaba sucediendo. Podemos imaginar que los nativos asimilaban a los españoles con seres sobrenaturales, mientras que para éstos los indígenas no pasaban de pertenecer a una cultura inferior. Además, las armas de unos y otros resultaban claramente desiguales: poco podían hacer las saetas y macanas taínas contra las ballestas, las espadas, los cascos, los perros de presa y los caballos españoles. La organización militar jugaba también a favor de los recién llegados. En ocasiones, los ataques acabaron con la vida de mujeres, niños y ancianos, siendo muy frecuentes las campañas y cabalgadas en diversas islas del Caribe, especialmente entre 1508 y 1515.

Con todo, a pesar de ser muy numerosas las muertes en combate, mucho mayores en número fueron las causadas por la presión cultural y sus consecuencias. Los colonos impusieron un sistema de trabajo que convertía a los indígenas en esclavos, trabajando hasta la extenuación. La construcción de ciudades, las labores en las plantaciones y la extracción de oro en ríos y minas se convirtieron en tareas propias de los indios, en las que murieron por miles, sujetos a una explotación sin límite. Con la aplicación del sistema de la encomienda, según el cual a un español le era adjudicada una cantidad de mano de obra nativa que trabaja para él, el ritmo de trabajo y explotación acabó por acelerarse. Fueron también frecuentes los desplazamientos forzosos de población para trabajar en las minas y plantaciones, así como los asesinatos y las violaciones. Por último, se exigió a los indígenas el pago de tributo y se impuso la ganadería española, cuyos cerdos y vacas destruían los campos de labor nativos.

Los atropellos de los españoles provocaron diversas respuestas. Muchos pobladores nativos huyeron de las zonas en las que estos se encontraban, escapando a zonas inhóspitas a las cuales no estaban adaptados y en las que la supervivencia resultaba muy dificultosa. En los años 1495 y 1496 los nativos se negaron a trabajar y escaparon a los montes, esperando que tras su acción los españoles pasaran hambre y se vieran obligados a marchar. Sin embargo, la vida en los montes acarreó desnutrición y enfermedades, que acabaron finalmente con los indígenas.

En otros casos, la respuesta indígena fue mucho más directa. No faltaron los suicidios como una manera de huir de los atropellos y abusos a los que eran sometidos, lo mismo que los abortos voluntarios, provocados para impedir que sus hijos sirvieran a los españoles. Finalmente, hay que hablar de las enfermedades que llevaron consigo los españoles y para las cuales los cuerpos de los indígenas no estaban preparados. Entre las epidemias llevadas desde España sobresalió la viruela, responsable de la muerte de muchos miles de individuos.

La falta de mano de obra llevó a los españoles a buscarla en otros sitios. Uno de los primeros lugares a los que se recurrió fueron las Bahamas, desde las que se llevaron nativos para sustituir a los taínos. Pero el resultado fue el mismo, pues los lucayanos morían pronto o se suicidaban colectivamente, desesperados por haber sido arrancados de sus hogares y obligados a trabajar hasta la extenuación. Finalmente, la solución encontrada fue el comercio de esclavos africanos, lo que acabó por establecer nuevas poblaciones y culturas en el Caribe.

CAPÍTULO II

LOS PUEBLOS DE LA AMAZONIA

El infierno verde amazónico. Si pidiéramos a cualquier persona que nos describiera con pocas palabras cuál es la idea que tiene acerca del medio ambiente amazónico, muy probablemente en su respuesta aparecerían las palabras vergel, vegetación, exuberancia, agua, humedad y fertilidad, entre otras muchas posibles. Lo que esta respuesta está significando es la imagen que comúnmente tenemos del Amazonas como algo parecido a un paraíso vegetal y animal, donde árboles y plantas crecen hasta el máximo de sus posibilidades, brindando a sus ocupantes una amplísima gama de condiciones naturales para su supervivencia. Desde luego, nos imaginamos la vida en la Amazonia de manera radicalmente distinta a como pensamos que se debe vivir en un desierto, con abundancia de agua y alimentos. Y, sin embargo, con ser todo esto cierto, con albergar una vida vegetal de una variedad y riqueza inigualables, no lo es menos que el hábitat amazónico es uno de los más difíciles para la supervivencia humana, con unas condiciones climáticas muy duras, con una densidad arbórea que dificulta enormemente las comunicaciones, una gran abundancia de insectos más o menos nocivos, con terrenos anegados y que, en modo alguno, favorecen el cultivo, pues la lluvia cae en tal cantidad que está circulando constantemente a través del suelo, arrastrando los nutrientes. La riqueza botánica de la selva hizo pensar a cuantos intentaron establecerse en ella que, dada la exuberante vegetación, los suelos debían ser extraordinariamente fértiles. Y, sin embargo, la realidad se encargó dramáticamente de desmentirles: tras roturar los árboles y arbustos, no sin realizar un descomunal esfuerzo, la tierra rendía una buena cosecha, pero quedaba rápidamente agotada. El apelativo de *infierno verde*, pues, quedaba completamente justificado.

Pero, ¿cómo es realmente la Amazonia? Lo primero que sorprende es su magnitud: estamos hablando de una extensión de nada menos que 7,8 millones de km^2, la mayoría de los cuales están cubiertos por un denso manto de selva tropical. Esta inmensa región natural sudamericana comprende los ríos Amazonas y Orinoco, así como sus afluentes, y se extiende de norte a sur entre el macizo de las Guayanas y el escudo o macizo brasileño, y de este a oeste entre el océano Atlántico y la cordillera de los Andes. Su enorme superficie pertenece, en sus dos terceras partes, a Brasil, y en menor medida a Colombia, Ecuador, Perú, Bolivia, Venezuela, Surinam, Guyana y Guayana francesa.

Las cifras, desde luego, impresionan. Este inmenso pulmón verde, cuyo mantenimiento es fundamental para la estabilidad climática de toda la Tierra, está atravesado por el que es el río más caudaloso del mundo y el segundo más largo tras el Nilo africano. El río comienza su viaje en los Andes peruanos, y sigue su largo curso a través de 6.275 kilómetros, hasta su desembocadura en el Atlántico, las dos terceras partes navegables. En su travesía llegan al Amazonas cientos de afluentes, que contribuyen a aumentar considerablemente su caudal. Por la derecha le abordan ríos de gran porte como el Huallaga, Ucayali, Jurua, Purus, Madeira, Tapajoz o Tapajós y Xingú; por la izquierda llegan las aguas del Napo, Putumayo, Ica, Yapura y Negro, entre otros muchos. Finalmente, por la margen derecha del estuario desembocan el Pará o Tocantins. Alguno de estos afluentes, como el Madeira, pueden incluirse entre los mayores ríos de la Tierra, tanto por su caudal como por su longitud.

El discurrir es lento, siendo la mayor velocidad alcanzada por el agua de 5 km/hora. La lentitud se debe a que la región presenta una pendiente apenas pronunciada hacia el este, lo que hace que inmensas áreas resulten inundadas en las épocas de crecida. Durante su recorrido, el río sólo tiene que descender un desnivel de menos de 200 metros. En la desembocadura se vierten 226.000 m³/s, pertenecientes a la red fluvial más extensa y caudalosa del mundo. En su llegada al mar diariamente se depositan unos tres millones de toneladas de sedimentos, así como una quinta parte de toda el agua dulce que desemboca en los océanos de todo el mundo. Es tal la cantidad de agua y sedimentos que son vertidos al Atlántico que la salinidad y el color del mar se ven alterados hasta una distancia de 320 kilómetros desde la boca del río.

Pero aún hay más datos asombrosos. Anualmente sólo existen dos estaciones, la seca y la de lluvias. El clima es cálido ecuatorial y húmedo, con una temperatura que apenas varía a lo largo del año. La media está cercana a los 26 °C, pero las noches pueden llegar a ser sorprendentemente frías. Las lluvias son muy abundantes, pudiendo superar los 2.500 milímetros anuales. De estas precipitaciones, la mitad proviene del agua de la propia cuenca, que es evaporada por la acción solar y reciclada por medio de la transpiración de la vegetación local; la otra mitad llega a la Amazonia desde el Atlántico, transportada en forma de nube por los vientos alisios.

La humedad, pues, es extrema, y produce una formación vegetal exuberantemente densa, conocida como bosque lluvioso o pluvisilva. Unos pocos datos más: se calcula que existen en la región más de 60.000 especies arbóreas, con árboles que pueden llegar a los 100 metros de altura. Los árboles conforman una especie de paraguas que guarda de la insolación la vida humana, animal y vegetal que fluye

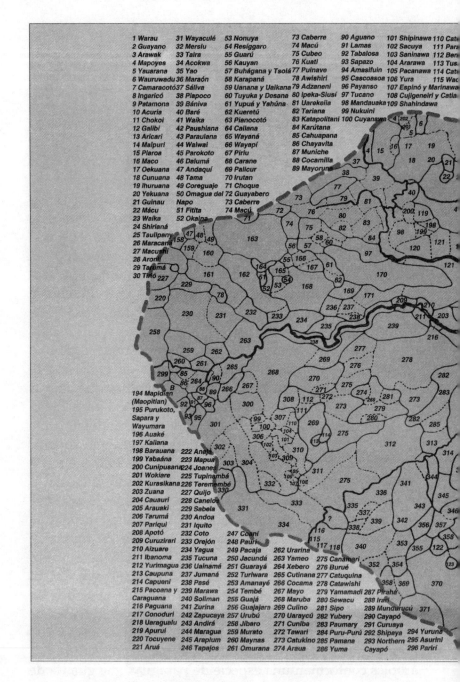

Pueblos indígenas de la Amazonia.

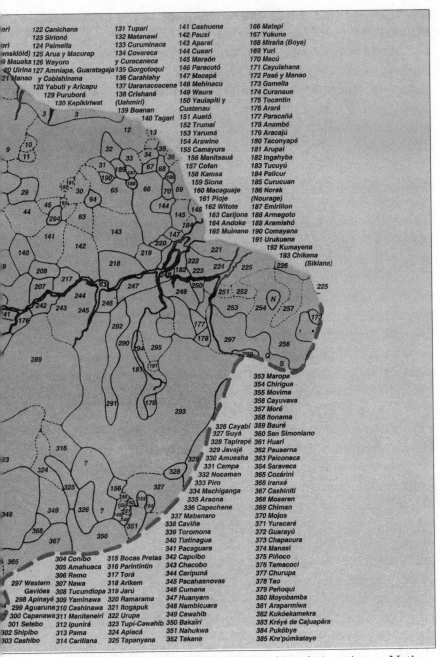

əri   122 Canichana   131 Tupari   141 Cashuena   166 Matapí
     123 Sirionó   132 Matanawi   142 Pauxí   167 Yukuna
əri   124 Palmella   133 Curuminaca 143 Aparaí   168 Miraña (Boya)
ənsklöld) 125 Arua y Macurap 134 Covareca   144 Cusarí   169 Yuri
9 Mauaka 126 Wayoro   y Curacaneca   145 Maraón   170 Macú
20 Uirina 127 Amniapa, Guaratagaja 135 Gorgotoqui 146 Paracotó   171 Cayuishana
21 Manao y Cabishinana   136 Carahlahy   147 Macapé   172 Pasé y Manao
     128 Yabuti y Arícapu 137 Uaranacoacena 148 Mehinacu   173 Gamella
      129 Puruborá   138 Crishaná   149 Waura   174 Curanaue
       130 Keplkiriwat (Uahmiri)   150 Yaulapiti y 175 Tocantin
                  139 Boanan   Custenau   176 Arará
                   140 Tagari 151 Auetó   177 Paracañá
                         152 Trumaí   178 Anambé
                         153 Yarumá   179 Aracajú
                         154 Arawine   180 Taconyapé
                         155 Camayura 181 Arupai
                         156 Manitsauá 182 Ingahyba
                         157 Cofan   183 Tucuyú
                         158 Kamsa   184 Palicur
                         159 Siona   185 Curucuan
                         160 Macaguaje 186 Norak
                         161 Pioje   (Nourage)
                      162 Witote   187 Emirillon
                      163 Carijona 188 Armagoto
                      164 Andoke 189 Aramishó
                      165 Muinane 190 Comayana
                                 191 Urukuena
                                 192 Kumayena
                                  193 Chikena
                                    (Sikiana)

353 Maropa
354 Chirigua
355 Movima
356 Cayuvava
357 Moré
358 Itonama
326 Cayabí 359 Bauré
327 Suyá   360 San Simoniano
328 Tapirapé 361 Huari
329 Javajé 362 Pauserna
330 Amuesha 363 Paiconeca
331 Campa   364 Saraveca
332 Nocaman 365 Cozárini
333 Piro   366 Iranxé
334 Machiganga 367 Cashiniti
335 Araona   368 Moseren
336 Capechene 369 Chiman
337 Mabenaro 370 Mojos
338 Caviña   371 Yuracaré
339 Toromona 372 Guarayú
340 Tiatinagua 373 Chapacura
341 Pacaguara 374 Manasi
342 Capuibo   375 Piñoco
343 Chacobo   376 Tamacoci
344 Caripuná 377 Churupa
345 Pacahasnovas 378 Tao
346 Cumana   379 Peñoqui
347 Huanyam   380 Moyobamba
348 Nambicuara 381 Araparmíwa
349 Cawahib   382 Kukóekamekra
350 Bakairí   383 Kréyé de Cajuapára
351 Nahukwa 384 Pukóbye
352 Takana   385 Kre'púmkateye

304 Conibo   315 Bocas Pretas
305 Amahuaca 316 Parintintin
306 Remo   317 Torá
297 Western 307 Nawa   318 Arikem
   Gavióes 308 Tucundiopa 319 Jarú
298 Apinayé 309 Yaminawa 320 Ramarama
299 Aguaruna 310 Cashinawa 321 Itogapuk
300 Capanawa 311 Maniteneiri 322 Urupa
301 Setebo 312 Ipunirá   323 Tupí-Cawahib
302 Shipibo 313 Pama   324 Apiacá
303 Cashibo 314 Caritiana 325 Tapanyana

Adaptado de J. H. Rowe, Indian Tribes of South America, *en* Native
Sout American. Ethnology of the least known Continent, *1974.*

bajo ellos. El bosque permanece siempre verde, pese a que algunas especies sean de hoja caduca.

Desde el punto de vista ecológico, se ha establecido la existencia de tres tipos de ecosistema: la *tierra firme* o *guazú*, la *várzea* o selva inundada estacionalmente, *y el igapo*, o selva inundada de forma permanente. Cada uno de estos hábitats dará lugar a formas de adaptación humana diferentes.

Poblamiento y arqueología. La llegada del hombre a la América del Sur parece producirse principalmente desde el norte del continente. Las poblaciones, dedicadas principalmente a la recolección y, en menor medida, a la caza, se desplazaron siguiendo a las manadas de animales, y la ruta que debieron seguir atravesaba el istmo de Panamá, Colombia, las tierras bajas de Venezuela, las Guayanas y el norte del Brasil. Al menos, hace 12.000 años ya debía estar ocupado el extremo sur del continente. Muy probablemente estos primeros pobladores, *Homo sapiens*, se agrupaban en bandas formadas por varias familias emparentadas, quienes abandonaban un lugar cuando se agotaban los recursos comestibles que éste ofrecía.

Uno de los yacimientos más antiguos de América del Sur es el de Lagoa Santa, en el estado brasileño de Minas Gerais, datado hacia el año 10000 a.C. Allí, en un paisaje de cavernas situadas junto a un río, se hallaron restos humanos. Como en éste, en otros varios lugares arqueológicos de Suramérica se relaciona la ocupación humana con abrigos rocosos, siendo el oriente brasileño la región donde más rastros de ocupación humana antigua se han encontrado. Los restos líticos hallados se han clasificado como pertenecientes a una etapa cultural denominada «pre-proyectil» pues, aunque se han encontrado cuchillos, raspadores y lascas, no se han localizado puntas de flecha.

Hacia el año 5000 a.C. se detecta ya un cambio de patrón cultural. En primer lugar, se ha incrementado en la zona la presencia de grupos de cazadores-recolectores, que ya ocupan las riberas de los ríos y las zonas pantanosas. Además, los útiles líticos son algo más complejos, como puntas de proyectil y piedras de moler, lo que puede significar que los asentamientos se ocupaban durante más tiempo —al permitir la tecnología un aprovechamiento más intensivo del medio— o bien que se volvía a ellos periódicamente. Finalmente, otra novedad importante es la aparición de pinturas rupestres, generalmente representando animales, hombres y escenas diversas. Las zonas sur y este del Brasil parecen ocupar en este momento la avanzadilla cultural de la región, con tradiciones como la humaitá y la umbú. Sitios como los de Sao Raimundo Nonato o Cêrca Grande guardan muestras excelentes del arte pictórico del momento.

Hacia los años 5000-4000 a.C. se detecta una tradición cultural de gran importancia, la de los concheiros o sambaquis. Con este nombre se designa a los montículos construidos por poblaciones antiguas mediante la acumulación de residuos producidos por el consumo de mariscos. Con un diámetro que varía de unas decenas a centenas de metros, y alturas superiores a los 10 metros, estas muestras de ocupación humana indican una estancia muy prolongada, con las poblaciones dedicadas al marisqueo como actividad principal, complementada por la caza y la pesca. Los yacimientos más representativos están en la desembocadura del Amazonas y en el sur, en los estados de Pará y Rio Grande do Sul. Los sambaquis fueron utilizados hasta el siglo xv, y algunos albergan en su interior muestras de ritos funerarios, con enterramientos y ofrendas, entre cuyos objetos destacan los *quebraconquinhos*.

Hacia el año 1000 a.C. parece que surgen los primeros grupos sedentarios, siendo la isla de Marajó, en el delta del Amazonas, el lugar más representativo de este momento. Zona muy fértil, fue ocupada permanentemente hasta la época del contacto europeo. Estas poblaciones construyeron grandes casas comunales, en la que podían habitar hasta 150 individuos. El dominio de las técnicas agrícolas permitió el incremento de la población y la ocupación de zonas cada vez más alejadas del agua. En la cultura material de estos grupos ya encontramos útiles y elementos que estarán muy difundidos entre los grupos que posteriormente poblarán toda la Amazonia. La alfarería es una técnica ya conocida, y con ella se fabrican utensilios como los *carimbos* o pintaderas, con las que se decoran los cuerpos, o los *cachimbos*, pipas en forma de tubo para el consumo de tabaco.

El desarrollo de estos grupos les permite alcanzar, hacia el año 500 d.C., una compleja organización política, social y religiosa. Los pueblos de la isla de Marajó son ya capaces de producir un fuerte excedente agrícola, con sus asentamientos edificados en zonas elevadas, debido a las frecuentes inundaciones. Sus casas son de gran tamaño, muy parecidas a las *malocas* actuales, y se calcula que la población pudo alcanzar las cien mil almas. El maíz, llegado desde Mesoamérica, era uno de los alimentos básicos, y se practica ya una modalidad de pesca que será muy repetida por muchos pueblos de la Amazonia: el envenenamiento de las aguas. La cerámica es ya mucho más elaborada y de gran calidad, con dibujos complicados y policromía, así como figuras femeninas cuyo sexo se cubre con una vestimenta triangular típica de la región, conocida como *tanga*. Otro rasgo de gran importancia: el enterramiento se produce en urnas cerámicas y se practica el culto a los antepasados, costumbres que también se encontrarán posteriormente por toda la Amazonia.

En ese mismo año se produce la entrada en escena de los grupos tupí-guaraní, que se extienden por la costa brasileña y cuyo patrón cultural presenta numerosas coincidencias con el que corresponde a los habitantes de la selva tropical, con alimentación a base de mandioca, ocupación temporal de los asentamientos, casas comunales, cerámica y enterramientos en urna.

Cuando se produce el contacto con los europeos, en el siglo XVI, los pobladores de la Amazonia ya contaban con una forma de vida perfectamente adaptada a las tierras bajas tropicales, con una notable complejidad tecnológica. Comienza entonces la era de las crónicas, las exploraciones y, algo más tarde, los estudios antropológicos y arqueológicos. La llegada de los europeos supone para las poblaciones amazónicas el comienzo de un violento declinar demográfico y cultural, siendo cada vez más reducidos los enclaves culturales puramente indígenas. En épocas recientes, no obstante, algunos esfuerzos están encaminados a la preservación del patrimonio ancestral de los nativos, de la misma forma que se intenta frenar la sistemática destrucción de un ecosistema cuya conservación resulta vital para el futuro de la Tierra.

Los medios de subsistencia

El espectáculo es grandioso, ya se ha dicho, pero nada amable. Eso lo han comprendido muy bien tradicionalmente sus poblaciones nativas, acostumbradas a bregar duro en la existencia cotidiana y a extraer de cuanto les rodea lo necesario para asegurar su supervivencia, en una perfecta simbiosis con la naturaleza. No ocurre lo mismo, sin embargo, con los extranjeros que han ido llegando a aquellas tierras desde que fueran descubiertas por el hombre europeo. Venidos de un clima templado, del Viejo Mundo, donde la vegetación ha de ser cuidada con mimo, las temperaturas son extremas y el agua llega a ser un bien escaso, los primeros cronistas ven en la Amazonia un vergel, un paraíso vegetal que les sugiere el Jardín del Edén del que hablan los textos bíblicos. Fray Gaspar de Carvajal o Carbajal, integrante y narrador de la expedición de Orellana —quien en 1542 fue el primer europeo en recorrer el río hasta su desembocadura— nos dejó escrito que *la tierra es tan buena, tan fértil y tan natural como la de nuestra España, porque nosotros entramos en ella por San Juan y ya comenzaban los indios a quemar los campos. Es tierra templada, adonde se cogerá mucho trigo y se darán todos los frutales: demás desto es aparejada para criar todo ganado, porque en ella hay muchas yerbas como en nuestra España (...) la tierra es alta y hace lomas, todas de sabanas; la yerba no más alta de fasta la rodilla, y hay mucha caza de todos los géneros.*

Otro cronista, Don Martín de Saavedra y Guzmán, continuará la línea iniciada por Carvajal, escribiendo entre 1636 y 1637:

Éste es el famoso Río de las Amazonas (...) riega más extendidos reinos, fecunda más vegas, sustenta más hombres, aumenta con sus aguas más caudalosos océanos que el Ganges, el Nilo o el Éufrates (...). Sin usar hipérboles lo podemos calificar como el mayor y más célebre río del orbe.

Los europeos y aun el mismo Colón, quien en su tercer viaje llegó a la desembocadura del Orinoco, pensando que había *redescubierto* el Paraíso Terrenal, quedaron maravillados por un espectáculo para ellos nunca visto: el bosque tropical, una espesa masa vegetal que, en aquello momentos, cubría el 11 por ciento de la superficie del planeta. Sin embargo, se equivocaron al apreciar que la existencia en las selvas les resultaría fácil, acostumbrados a un modo de vida en el que la agricultura y la ganadería tenían una importancia capital.

Provenientes de la templada Europa, donde cuanto mayor y más densa es la vegetación más fértiles son los suelos, en la Amazonia sin embargo no ocurre lo mismo. Si en el Viejo Mundo los nutrientes del terreno se acumulan en la capa superior, en las selvas tropicales la mayoría están contenidos en la propia vegetación. Hojas y ramas caídas se pudren rápidamente por efecto de la humedad y el calor y son absorbidos por el tallo y las raíces de las plantas, iniciando de nuevo el circuito. Los suelos, contrariamente a lo creído por los primeros viajeros, resultan arenosos y prácticamente improductivos para la agricultura. No fueron pocos quienes pensaron que

talando los árboles y la vegetación obtendrían campos de cultivo fértiles y ricos; decepcionados, vieron cómo, tras una primera cosecha, el suelo quedaba inerme, yermo, y en él crecía una
maleza improductiva que, además, no protegía al suelo de los
efectos de la erosión. Poco se ha aprendido, desgraciadamente,
de la experiencia, por más que se haya repetido en miles de ocasiones. Actualmente, colonos y hacendados siguen, con la pro-
moción de los gobiernos, talando el bosque amazónico en
busca de riquezas agrícolas, ganaderas y minerales. El beneficio es sólo a corto plazo; a medio, conlleva la destrucción del
ecosistema y de los modos de vida de los indígenas, adaptados
a él por una tradición milenaria, un aspecto del que se hablará
con mayor detalle en el apartado correspondiente.

Frente a esta voracidad irracional, las sociedades indígenas han demostrado sobradamente su capacidad adaptativa,
aprovechando los recursos que ofrece la selva y explotándo-
los de un modo sostenible y eficaz. Las culturas nativas han
sabido desarrollar modos de vida diversos, en los que todo
el complejo social, religioso y económico gira siempre en
torno a una misma idea: la simbiosis con el medio del que
dependen y al que protegen. Las sociedades indígenas saben
que su modo de vida y aun su propia existencia dependen
del medio ambiente selvático, un ecosistema difícil pero del
que han sabido extraer lo necesario para su propia supervivencia. Para estos grupos, proteger la selva, su vida vegetal
y animal, es tanto como garantizar su propia existencia, y a
este objetivo dedican el día a día de su vida cotidiana.

Para conseguir alimentos buscan siempre la máxima
eficacia y el equilibrio con el entorno. En los bosques talan
parcelas pequeñas de terreno, de las que extraen las cosechas lo más rápidamente que pueden antes de que aparez-
ca la primera maleza, lo que les empuja a cambiar de lugar
de residencia hasta otra zona de bosque, dejando que la
vegetación se recupere.

Los productos de su agricultura, más bien horticultura,
son tubérculos y alimentos con almidón, plantas que crecen

rápidamente en suelos pobres. Además, su dieta no la hacen depender exclusivamente de lo conseguido mediante el cultivo; la caza, la pesca y la recolección, actividades en las que han conseguido una gran pericia técnica, complementan lo conseguido en los huertos. A pesar de su extraordinaria dureza, los grupos indígenas han conseguido adaptarse perfectamente a la vida en la selva, conociendo el comportamiento y las propiedades de animales y plantas, hasta un grado al que apenas se acerca la ciencia moderna. Medicamentos para sus enfermedades y drogas de uso ritual han sido extraídos de las plantas y utilizados tradicionalmente por los habitantes de la selva, un conocimiento, en muy gran medida, aún por descubrir.

La horticultura. El cultivo de plantas es la principal actividad productiva de los pueblos amazónicos, practicada por todos ellos. La dieta nativa está compuesta, en su mayor parte, de lo conseguido en los huertos, una proporción que, entre las tribus del Xingú superior, puede llegar al 80 o el 85 por ciento de todo el alimento.

El principal método de cultivo seguido es el de roza, es decir, talar y quemar una parcela de bosque para desbrozarlo y aprovechar los restos orgánicos como abono. Betty Meggers tomó como ejemplo de agricultura de tala y quema la que desarrollan los mundurucú del río Tapajós. Para estos la parcela elegida ha de ser preferiblemente una zona con una ligera inclinación, lo que hace que su superficie esté bien drenada, pues demasiada agua acumulada pudriría las raíces. El tamaño de la parcela elegida variará en función de las posibilidades productivas del suelo —se busca siempre un suelo arcilloso, mejor que uno arenoso— y de la cantidad de personas a las que habrán de alimentar las cosechas. También se prefiere, siempre que es posible, un campo de forma circular.

El proceso agrícola comienza a finales de la estación lluviosa, cuando cada hombre despeja entre una y una y media hectárea de bosque, dejando que las ramas y tallos

Figurillas. Cultura taína. (Museo Arqueológico de Benalmádena).

Recipiente pintado con ojos y orejas en relieve. Cultura marajoara (Brasil).
1000-1500. Smithsonian Institution. Washington.

Urna funeraria marajoara.

Cemí taino decorado con conchas y piezas de vidrio.

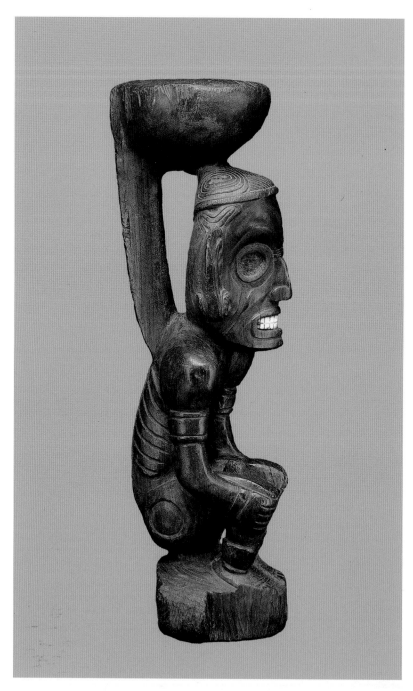

Cemí taíno. (República Dominicana). Siglos X-XV.
Metropolitan Museum. Nueva York.

Máscara antropomorfa. Indios Yawalapiti (Brasil).

Recipiente. Cultura Santarem (h. 1000).

Cerámica antropomorfa. Cultura taína.

Corona de plumas. Area Pindaré Gurupi (Brasil).

cortados permanezcan secándose en el suelo unos tres meses. La operación de desbroce comienza siempre por los árboles y arbustos pequeños, dejando sitio para eliminar después a los más grandes. En esta operación se invierten unos tres días. Para derribar los árboles mayores, los mundurucú siguen una técnica muy precisa: un árbol de gran altura situado en la zona alta del terreno es el primero en ser talado, lo que hace que, en su caída, derribe a su vez a otros árboles previamente semicortados, que a su vez arrastran a otros. Con esta técnica pueden despejar un área de unos 100 metros; los árboles de los límites de la parcela y aquellos que han conseguido mantenerse en pie son cortados individualmente. En toda la operación se invierten unos tres días.

Antes de que lleguen las siguientes lluvias se prende fuego a la vegetación desbrozada, ardiendo las ramas más finas y chamuscando los troncos, que no se llegan a consumir por completo y quedan desperdigados por el terreno. De cualquier modo, las cenizas conseguidas hacen de abono y fertilizan el suelo. Para encender el fuego se espera a que haya una brisa ligera, lo suficientemente fuerte como para

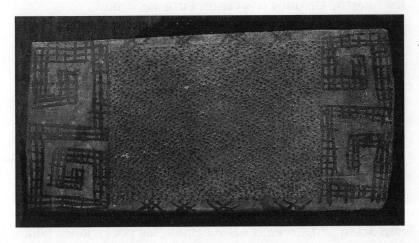

Rallador de yuca. Indios Kayabi (Brasil).

La siembra de las semillas corresponde a los hombres o a las mujeres, variando en función de la tribu de que se trate, aunque muy frecuentemente recae sobre éstas, especialmente si los hombres se hallan cazando o en alguna expedición de guerra. La siembra es una actividad dura, pues la yuca, el principal alimento indígena, ha de depositarse en esquejes, entre cinco y quince en cada montón de tierra. Para sembrar el maíz se realiza un agujero en el suelo con el palo plantador o coa, dejando unas cuantas semillas en el agujero y tapándolo con el pie.

Además de pesada, la siembra y el cuidado de los huertos son también labores peligrosas, siendo frecuente encontrar en ellos serpientes y hormigas venenosas. El antropólogo Robert Carneiro refiere cómo un día, estando entre los amahuca, unos hombres hallaron una boa constrictor bajo un montón de maderas. Agarrada por los hombres, a los pocos minutos, las mujeres del poblado comenzaron a llegar para tocar con su dedo meñique algunas escamas de la cola de la serpiente. Carneiro averiguó después que este pueblo cree que la boa es un *yushí* o espíritu, que puede conferir a las mujeres protección contra las hormigas negras (llamadas *isula* en Perú, *Dinoponera grandis*) con las que éstas se encuentran en los huertos, de unos dos centímetros de largo.

Lo normal es que se cultiven simultáneamente una docena de plantas alimentarias. Las principales, la yuca y el camote, ocupan el centro del terreno, mientras que los cultivos secundarios se disponen agrupados en los límites. La yuca es el cultivo principal para la gran mayoría de los pueblos amazónicos, como lo era en el caso de los pueblos del Caribe, estudiados en la parte primera de este libro. Se trata de la planta cultivada más productiva del mundo, de la que los pueblos de la Amazonia pueden producir entre diez y doce toneladas por hectárea.

Como quiera que algunas variedades de yuca contienen ácido prúsico en dosis mortales, las poblaciones tallan la raíz y exprimen la pulpa utilizando para ello un *sebucan* o *tipiti*, exprimidor en forma de tubo confeccionado con tiras de tallo de palmera trenzadas. El exprimidor es colgado de una viga del techo de la vivienda o de un árbol, mientras que se rellena el interior con la pulpa de la yuca. En la parte inferior del instrumento, en forma de aro, se introduce un palo grueso sobre el que se sienta una persona para hacer tensión y exprimir la pasta. De esta forma se extrae el jugo interior, venenoso, que escurre en hilillos por las paredes del *sebucan* y se deposita en un recipiente colocado debajo; el líquido se pone a un lado, dejando que la harina fina de fécula se instale en el fondo. Después se retira el líquido que flota en la superficie y se deja secar al sol la harina, tanto la fina de la superficie como la más basta que queda en el *sebucan*.

Con esta harina los indígenas confeccionan distintos alimentos. La más basta se consume en forma de gachas, mientras que con la fina se realizan tortas circulares de cierta anchura, llamadas *casabe* o *cazabe*, como ya hemos visto en el caso de los antiguos nativos del Caribe. Los *casabes* delgados y crujientes son los preferidos por la poblaciones de Venezuela y las Guayanas; los grupos del alto Xingú, por el contrario, gustan más de consumirlo más grueso y flexible, haciendo bocadillos abiertos de crema de pescado.

Junto con la yuca se cultiva el ya citado camote (*Ipomea batatas*), una planta domesticada hace miles de años, con alta productividad, bajos costos de producción y que generalmente crece en el campo en forma natural. Se trata de una raíz con alta concentración de azucares, caroteno y provitamina A, muy presente en la dieta de las poblaciones indígenas. Otros cultivos destacados son el maíz (*Zea mays*), ñame (*Dioscorea spp.*), calabaza (*Cucurbita spp.*), *ocumo* o *huitina* (*Xanthosoma sagittifolium*), aratuta, guate, yuquilla, cuycuy, frijoles y cacahuete o maní. Ciertas poblaciones, como los yanomami o los amahuaca, han introducido en su dieta plátanos y bananas procedentes del Viejo Mundo, un alimento ahora fundamental.

La cosecha no se efectúa de una sola vez, sino según se va haciendo necesario disponer de provisiones. Algunas plantas, como la yuca, se vuelven a plantar inmediatamente después de ser cosechadas, pues se trata del alimento principal. El ciclo de plantación-cosecha se repite durante los siguientes años, aunque los rendimientos son cada vez menores. Así, durante el primer año una hectárea de selva puede producir dieciocho toneladas de fruto, descendiendo hasta dieciséis el segundo y menos de diez el tercero. Cuando la productividad disminuye por debajo de un nivel rentable, es decir, a los dos o tres años, el campo se abandona. El poblado se traslada a otra zona de la selva, nunca muy próximo, pues es preciso dejar que se recupere no sólo el terreno, sino también la caza. Con esta práctica, el daño al ecosistema de la selva es mínimo, pudiendo en unos pocos años recomponerse tanto la vida vegetal como la animal.

La caza. En todas las sociedades indígenas la caza es una actividad masculina, que puede ser realizada tanto de forma individual como colectiva. No todos los grupos, sin embargo, dan la misma importancia al producto de la caza dentro de su dieta. Para los amahuaca de la Amazonia peruana la caza supone el 40 por ciento de su dieta, mientras que para los kuikuru brasileños es sólo el 2 por ciento. Los nativos del alto Xingú, por ejemplo, ingieren más pescado que carne de caza, de forma que no realizan grandes cacerías colectivas. Entre lo cazado por estos grupos destacan las aves y, ocasionalmente, mamíferos de pequeño tamaño. Las grandes piezas, como el venado, no son consumidas en gran medida, e incluso existen ciertos tabúes que limitan el consumo de carne de caza. Frente a estos grupos, otros como los timbira dan a la caza una importancia excepcional, organizando grandes batidas y saliendo a cazar muy frecuentemente de manera individual. Finalmente, grupos como los mawé practican la caza siempre de modo individual.

Los animales cazados son de muy diferentes tipos. Abundan los monos, de una gran variedad de especies, así como los perezosos y otros animales que pueblan las copas de los árboles. Aves como el *paují* o *mutum* (*Crax sp.*) son una parte sustancial de la dieta de muchas poblaciones. Con respecto a la caza de animales terrestres, destacan los venados —en sus dos variedades: el mayor, que puebla las sabanas, y el de menor tamaño, que se encuentra en las selvas—, el tapir —el mamífero de mayor tamaño de la Amazonia— o el cerdo salvaje —tanto el de collar como el de labios blancos—. También se cazan numerosos roedores, algunos de gran tamaño como el capibara, que puede pesar entre treinta y cuarenta kilogramos, otros menores, como las lapas o pacas, los picures o agotis, etc.

Las técnicas de caza varían mucho de unos grupos a otros, así como en función de la especie animal a cazar. En cualquier caso, los indios amazónicos han hecho de la caza una actividad muy eficaz, desarrollando técnicas y conocimientos muy precisos. El indio amazónico ha aprendido a observar los hábitos de las especies, a acecharlas, a interpretar sus señales, a imitar sus sonidos para atraerlas, la manera más apropiada para cazarlas. Los cazadores amazónicos conocen con la mayor precisión todas y cada una de las especies que capturan, de qué y dónde se alimentan, en qué lugar construyen sus refugios, si sus hábitos son diurnos o nocturnos.

El rastreo de la pieza es fundamental, y en esta arte demuestran en general una pericia exquisita. Como ejemplo citaremos el relato de un viajero inglés, Thomas Whiffen, quien estuvo una temporada entre los bora y los witoto del sur de Colombia:

Un indio en la maleza es maravilloso (...). Conocí a uno que se detuvo y me dijo que cuando el sol estaba en determinada posición, es decir una media hora antes, habían pasado siete indios por eses mismo lugar llevando un tapir, que había sido cazado cuando el sol estaba allí —indicando otra posición—. La caza había tenido lugar a una larga distancia y la pieza debía de ser un tapir en base a su evidente peso. Cogió una hoja en la que había una gota de sangre seca. Señaló las huellas en el suelo para demostrar la exactitud de números y distancias. Los hombres que habían pasado estaban cansados, y lo supo por la manera en que se habían marcado los dedos de sus pies en el suelo. [Tomado de R. L. Carneiro.]

Localizada la pieza, existen muy diversas formas de hacerse con ella. Algunas poblaciones, como los xokleng brasileños, persiguen a la anta a la carrera, con o sin ayuda de perros, hasta que consiguen capturarla. Para cazar al caitutu localizan primero su madriguera y le obligan a salir usando el fuego. Los tenetehara construyen puestos de caza en el suelo o en los árboles, en los lugares en los que suele aparecer la especie animal que quieren cazar. Cuando el suelo se inunda debido a las lluvias, los animales se refugian en las partes altas de los árboles, donde les esperan los cazadores. Los indios xavante, por continuar con los ejemplos, prenden fuego formando un círculo del que tan sólo dejan una abertura, esperando en ella para capturar más fácilmente a los animales que huyen.

Aparte de estas técnicas, los grupos de la Amazonia disponen de otras de tipo mágico que les ayudan en las cacerías. Los krahó, por ejemplo, se frotan el cuerpo con determinadas hierbas o toman infusiones en función del tipo de animal que quieren cazar. También los krahó, como los mawé, piensan que pueden visualizar en sueños lo que ocurrirá durante una cacería. Los tenetehara, por otra parte, se cuidan de no caer en desgracia ante los espíritus, pues de ser así tendrán una cacería desafortunada, es decir, incurrirán en *panema* o mala suerte en la caza.

Las armas más usuales son el arco y las flechas. Manejado con habilidad, se trata de un arma muy poderosa y de gran precisión. El arco mide en torno a los 2 metros de largo, pudiendo mover más de 30 kilogramos y atravesar de lado a lado un animal. En la Amazonia oriental los arcos se construyen con madera de *pau d'arco* (*Teocoma vio-*

lacea), mientras que en la parte occidental se utilizan las de *pupunha, chonta* o *pijigüas* (*Bactris gasipaes*). Las flechas, casi de la misma longitud de los arcos, se elaboran generalmente con los tallos de las flores de una hierba, la *Gymnerium sagittatum*. Estos tallos son de gran tamaño, y se eligen los más rectos y que no tengan nudos. También se fabrican las flechas con bambú. En la parte trasera de la flecha se colocan plumas formando una espiral, de forma que durante el vuelo la flecha gira sobre sí misma, manteniendo por más tiempo una línea recta. Esta técnica, conocida desde tiempo inmemorial por los pueblos amazónicos, es la misma que aplicaron los armeros europeos en pistolas y rifles, rayando y grabando estrías en el interior de sus cañones.

La cerbatana, quizá el arma amazónica más presente en la imaginación popular, es la herramienta de caza preferida por los pueblos de la Amazonia noroccidental. Algunos grupos la usan en exclusiva, prefiriéndola al arco. En este caso, su utilización, sobre todo para cazar aves y otros animales que habitan en los árboles, se complementa con la lanza para la caza en tierra.

La cerbatana es una caña o tubo de longitud variable, en la que se introduce un proyectil que se impulsa con el aire de la boca. El tamaño del proyectil es minúsculo, por lo que éste no es lo que realmente importa en la captura de una pieza. Lo que hace de esta arma tan eficaz, sin embargo, es el uso del veneno conocido como *curare,* con el que se impregna la punta del dardo. El efecto del *curare* sobre un animal es muy poderoso, haciendo que sus músculos se relajen y caiga al suelo. Sobre el *curare* hablaremos más específicamente en el apartado referido al conocimiento indígena.

La pesca. La importancia del medio acuático en la Amazonia no necesita de explicación. Sus miles de kilómetros de ríos albergan una riqueza pesquera casi inimaginable. Se sabe que las cuatro quintas partes de las 2.500

especies de peces fluviales de toda Sudamérica se encuentran en el Amazonas y el Orinoco. En torno a Manaos, por ejemplo, se han estudiado unas 700 especies.

Al igual que ocurre con la caza, la manera de pescar difiere mucho entre las distintas tribus. La técnica más común, y también la más productiva, es el envenenamiento. Para ello se utilizan varias especies vegetales conocidas genéricamente como *tingui* o *timbó*, en el Brasil, y *barbasco* en los países de habla hispana. Esta hierba (*Lonchocarpus sp.* y *Clibadium sp.*, sobre todo) contiene alcaloides, que actúan sobre los peces a modo de narcóticos. La pesca por envenenamiento tiene un carácter colectivo: se produce generalmente en la estación seca, la más apropiada por el bajo nivel de las aguas y la casi inexistencia de corrientes, lo que favorece la acción del veneno. Las lianas de *timbó* se cortan en trozos pequeños y se atan en haces, que son golpeados con mazos o triturados en el agua para que ésta quede impregnada. También pueden ser enrolladas en un palo en forma de horquilla, que se introduce en aguas tranquilas, como las de una laguna o un río de poca corriente. Al golpear las hierbas, éstas extienden su fluido por el agua, paralizando el sistema respiratorio de los peces. Su carne, por el contrario, no se ve afectada.

Los indios del alto Xingú hacen de la pesca una actividad en la que intervienen grupos numerosos, de entre 20 y 30 hombres. Previamente se construye un dique con el que se cierra la salida de una laguna o se paralizan las aguas de un arroyo. Después, los niños ahuyentan a los peces golpeando la superficie del agua con ramas y palos, obligando a los peces a huir en dirección del dique, donde se ha concentrado el veneno. Al otro lado del dique se sitúan los hombres en canoas, cazando con flechas a los peces que escapan de la represa.

Otros pueblos siguen técnicas menos complejas. Los krahó brasileños aprovechan la estación seca para impregnar de veneno las aguas de las orillas. Después, hombres, mujeres y niños descienden el cauce del río siguiendo el paso del veneno, agarrando a los peces inmovilizados. Puesto que los peces pueden despertar y escurrirse cuando se los toca, los indios usan puntas de flecha de hueso o de palo rosa, que clavan en el pez. Las flechas con punta de *canajuba*, una especie de bambú, no son válidas para este menester, pues se deslizan por su carne y no agarran lo suficiente. También usan machetes para golpear a los peces adormilados y después poderlos agarrar.

Aparte del veneno, en la pesca se usan el arco y las flechas. Como en el caso de la caza, los indios demuestran gran habilidad en el uso del arco y las flechas para pescar, pues deben tener en cuenta el movimiento del agua y la canoa. En aguas claras y mansas es posible pescar con arpón. Para ello, el pescador elige un árbol de la orilla que tenga alguna de sus ramas sobre el agua y cuyos frutos atraigan a los peces. Elegido el lugar, al pescador no le queda más que esperar pacientemente la llegada de los peces para arponearlos.

Para acabar con lo referente a las técnicas, existen varios tipos de trampas. La más común es una especie de cesta cilíndrica, cuya boca tiene forma de embudo, realizada con fibras flexibles que permiten la entrada del pez, pero no su salida. Para usarla, se coloca en un remanso con un cebo en su interior. Entre los indios tenetehara esta trampa es conocida como *pari*. El mismo nombre recibe una trampa que se usa en los remansos. Ésta tiene forma de estera de tallos, atados de uno y otro lado y con puntas afiladas en la parte que toca el fondo. La trampa se coloca a modo de barrera entre las dos riberas del arroyo, formando un laberinto en el que los peces acaban por entrar.

Otro tipo de trampa es conocida por los tenetehara como *mororó*. Consiste en una cesta de forma cilíndrica, con ambos extremos abiertos y el interior lleno de puntas afiladas. Se utiliza en los remansos, colocándose en el fondo antes de la llegada de un grupo de peces. Después se retira por la parte superior.

Existen otras variantes de estas trampas, igualmente ingeniosas. Los nativos del Vaupés, afluente del Río Negro, construyen un cercado de varas, *cacurí*, una de cuyas partes cede hacia el interior ante el empuje de un pez, pero recupera su posición por la acción de la corriente. También fabrican una especie de red, *cajá*, que sitúan en las aguas tranquilas a la espera de que los peces queden atrapados en ella.

Con respecto a los peces, el Amazonas destaca no sólo por su variedad, sino también por el gran tamaño de muchas de las especies. Los llamados peces gato, tetraodontos, son los de mayor tamaño. Uno de ellos, la piraíba, puede alcanzar los 3 metros de longitud y los 140 kilogramos de peso. Entre los peces escamosos el mayor de todos es el pirarucú o pez rojo gigante, que puede alcanzar una longitud de cuatro metros y cien kilogramos de peso, aunque un ejemplar medio tiene 1,75 metros de largo y 20 kilogramos de peso. Grande y, por tanto, muy aprovechable en términos alimentarios, se captura durante todo el año, aunque su pesca se incrementa cuando desciende el nivel de las aguas.

Otro recurso fluvial de gran importancia son las tortugas, de las que se conocen al menos siete especies en el Amazonas. La más grande es la tartaruga (*Podocnemis expansa*, conocida como arrau en Venezuela y charapa en Colombia y Perú), que puede llegar a medir un metro de largo y pesar entre 25 y 38 kilogramos. De estos animales se consume tanto su carne como sus huevos, de los que las hembras ponen entre 100 y 150 durante la estación seca. Los huevos los entierran las tortugas en la arena de las riberas, a las que llegan por miles para depositarlos. Ése es el momento elegido para cosechar los huevos, que algunas tribus crían en lagunas controladas. Cuando nacen, las tortugas son alimentadas hasta que llega la hora de comerlas; su importancia para la dieta de las poblaciones se explica tanto por su abundancia como por la facilidad de su captura. Se ha calculado que un cazador experto puede llegar a obtener entre diez y quince ejemplares diarios. La carne obtenida por el procedimiento de la crianza es hasta 400 veces mayor que la producida por la ganadería.

Otra especie muy apreciada de tortuga es la llamada tracajá, de menor tamaño que la anterior pero que, al contrario que ésta, no se cría en cautiverio, aunque su sabor resulta más adecuado al paladar de las poblaciones que la cazan. La tracajá mide entre 40 y 50 centímetros de largo, pudiendo poner una treintena de huevos. Por acabar con las tortugas, otra especie, la matamata tiene, al decir de Betty Meggers, *la distinción de ser el animal más horrible del Amazonas*. También consumida, su captura es mucho más dificultosa que la de las anteriores, pues su hábitat son las zonas pantanosas.

Además de peces y tortugas, las aguas amazónicas contienen algunas especies de mamíferos. El más importante es el manatí, del orden de los Sirenios, que habita en el Amazonas entre Iquitos y la desembocadura. Se trata de una animal herbívoro, que se alimenta de plantas acuáticas. Puede alcanzar los tres metros de largo y los 1.200 kilogramos de peso; se le aprecia tanto por su carne como por su grasa. Otro mamífero destacado es el delfín carnívoro, conocido como buto o inía. Puede llegar a medir dos metros y pesar en torno a los 100 kilogramos, alimentándose de peces pequeños y medianos. Su carne era consumida en tiempos antiguos, aunque después pasó a ser objeto de tabú y dejó de ser cazado. Al tener una respiración pulmonar, estos animales deben salir a la superficie regularmente para respirar, lo que hacen de forma muy ruidosa. Sobre ellos se han construido algunas leyendas referidas a sirenas y monstruos acuáticos.

La recolección. De las cerca de 50.000 especies de plantas comestibles que se ha estimado que existen en la selva amazónica, una buena parte son comestibles, formando un componente indispensable en las dietas indígenas.

La recolección es, para los pueblos que no conocen la agricultura, la única forma de obtener alimento vegetal. Tradicionalmente se han recogido frutos silvestres que, en la actualidad, son cultivados. Esto ocurre, por ejemplo, con la papaya (*Carica papaya*), guayaba (*Psidium guayaba*), guama (*Inga sp.*), piña (*Ananas sativa*) o piquí (*Caryocar brasiliensis*). Los productos recolectados varían en función de las posibilidades de los territorios y las costumbres alimentarias de los grupos. Los xokleng del Brasil meridional otorgan gran importancia a la recolección del piñón, mientras que para los timbira del Brasil central los frutos más importantes son los del buriti.

Otros frutos, sin embargo, son recolectados por pueblos muy alejados entre sí, como la nuez de Pará (*Bertholletia excelsa*), que forma parte de la dieta entre los yanomami y los mundurucú. Finalmente, del *acajú* o merey (*Anacardium occidentale*) se consume el fruto, aunque no la semilla, cuyo gusto picante no es del agrado de los nativos.

Dentro del apartado referido a la recolección hay que incluir también a los insectos. De éstos se capturan y consumen muchas variedades, como ciertas larvas, gusanos y determinadas especies de hormigas. Es muy apreciado un gusano de cierto grosor (*Rhyncophora palmarum*) que habita en el interior de los troncos podridos de las palmeras. La presencia de estos gusanos es detectada por los yanomami acercando su oído a los troncos. Aparte de frutos e insectos, el producto más apreciado por todas las poblaciones de la Amazonia es la miel, a cuya búsqueda dedican grandes esfuerzos. Existe una gran variedad de mieles, que corresponde a las numerosas especies de abejas existentes.

Además de productos alimenticios, los nativos de la Amazonia también recolectan materiales y elementos para usos diversos. Así, se recogen hierbas y plantas con cualidades curativas o rituales, cañas para elaborar flechas, fibras para hacer cuerdas, hierbas venenosas para pescar, colorantes para el cuerpo, cera y resinas como adhesivos, etc. Muy curioso es el uso que dan a las devastadoras hormigas legionarias, cuyas grandes y potentes mandíbulas emplean como puntos de sutura para cerrar las heridas profundas. Para ello obligan a las hormigas a morder toda la herida en su longitud, enganchando ambos lados del corte. Cuando están bien enganchadas eliminan el cuerpo de la hormiga, quedando la mandíbula a modo de grapa.

La cría de animales. Muchos pueblos del área amazónica y de ciertas zonas de América del Sur han practicado la cría de animales domésticos, especialmente después del contacto con los europeos. Antes también era común que junto a las casas vivieran pequeños animales, que los grupos capturaban cuando aún eran pequeños. Los indígenas los criaban para divertirse con ellos, como animales de compañía, para aprovechar sus vistosas plumas, en el caso de algunas aves, o bien directamente para consumirlos.

Los indios xavante del Brasil capturan a las crías de algunos animales para engordarlos y consumirlos, como es el caso de jabalíes y cerdos silvestres. En las casas de los krahó, como en las de muchos otros pueblos —especialmente en tiempos actuales—, es normal ver pájaros como los ararás, papagayos o murún, que son alimentados y sirven de divertimento. Las crías del arará se cazan en los acantilados, subiendo hasta sus nidos trepando por un tronco lo suficientemente largo. Las crías capturadas se cuidan y alimentan hasta que alcanzan una edad en la que ya tienen una pluma suficiente, momento en el que las aves son vendidas.

Por citar un último ejemplo, en los poblados del alto Xingú se alza, en medio del patio, una jaula de gran tamaño y forma de cono, confeccionada con ramas. En su interior, los indígenas guardan un gavilán real, el mayor ave de presa del Brasil, que alimentan con pequeños roedores, pájaros o macacos. Sus plumas son muy apreciadas, alcanzando un gran valor mercantil entre las poblaciones. Se usan fundamentalmente para emplumar las flechas, de modo que teniendo uno de estos animales enjaulado los poblados se aseguran una provisión permanente.

Después del contacto con los europeos las poblaciones indias han introducido en sus vidas la presencia del perro como animal doméstico. El perro es utilizado como un arma en las cacerías, lo que ha provocado incluso que se modifiquen las técnicas tradicionales de caza.

El comercio. En otro apartado de este libro se explica cómo, entre las sociedades tradicionales de la Amazonia, no existen especialitas dedicados exclusivamente a la realización de un trabajo determinado, pues la única división del trabajo tiene que ver con el sexo y la edad. No hay nadie que dedique plenamente su tiempo a elaborar cestos, ni a trabajar la huerta, ni a cazar; al contrario, prácticamente todo el mundo sabe o puede hacer lo que hacen los demás. Las familias, entonces, son en sí mismas unidades de producción, en las que todos sus miembros generan, elaboran o procesan los bienes que necesitan. Siendo así, es lógico, en principio, pensar en la inexistencia del comercio, pues cada familia tiende a ser autónoma.

Sin embargo, entre lo que produce cada grupo siempre es posible que se encuentre algún artículo o bien del que otro grupo carece y que a su vez necesita; esto explica la existencia de un comercio, no a nivel interno, es decir, en el seno de una aldea, sino externo, entre aldeas y poblados diferentes.

Entre los grupos del Xingú encontramos numerosos ejemplos de esta aseveración, pues hay grupos humanos que se han especializado en la producción de un determinado bien o manufactura. Las mujeres waurá son las únicas que fabrican unas grandes cazuelas de barro, indicadas para procesar la mandioca y el piqui, lo que da lugar a un intenso comercio. Otro tanto ocurre con los kuikuro y los kalápalo, especialistas en fabricar collares, o con los mehinacú, fabricantes de flautas e, históricamente, los trumai proporcionaban a los demás hachas de piedra, pues su territorio era especialmente rico en basalto, mientras que los trumai y los waurá producían sal. Todos estos bienes eran puestos en circulación, dando lugar a un intenso comercio gracias al cual los grupos se podían proveer de los productos y manufacturas que necesitaban.

Este comercio estaba, en algunos pueblos, relativamente regulado. Entre los camayurá, cuando alguna casa acumulaba un excedente de objetos, se convocaba a la gente a la plaza del poblado, donde se exponían los bienes a la vista del público. Si alguna casa tenía algún otro objeto del que quería deshacerse, aprovechaba la ocasión para exponer también sus productos.

Cuando a alguien le interesaba hacerse con algún objeto, el proceso de adquisición era bastante sencillo: simplemente buscaba en su propia casa algo que entregar a cambio, volvía a la plaza, lo colocaba delante del artículo deseado y, si ambas partes coincidían, simplemente se llevaba a cabo el intercambio.

Existe también un comercio de tipo exterior, al que cada tribu aporta aquello que produce y los demás pueblos valoran. Los camayurá se han especializado en la fabricación de arcos y, cuando las rutas fluviales se encuentran más transitables por las lluvias, salen con sus cargamentos para intercambiarlos con otros pueblos. Algunas tribus de la zona, incluso, se han especializado en el propio comercio, como ocurre con los avetí, cuyas gentes se dedican a viajar entre poblados intercambiando productos, algunos de ellos de origen europeo. Existe un sistema arbitrario de valoración de los productos, lo que facilita los intercambios. Betty Meggers indica, para la época en que escribió su monografía, que por un collar de conchas de caracol se pueden adquirir dos arcos.

Aunque algunos grupos sean más belicosos o mantengan relaciones hostiles con sus vecinos el comercio no se resiente, pues es la única forma de adquirir determinados bienes. Así, los nambiacuara, pese al peligro permanente de conflagración, intercambian multitud de productos. Los grupos de la región oriental necesitan alfarería y semillas, mientras que los del norte y el centro gustan de adquirir los textiles realizados por los grupos del sur. En general, entre todos ellos circulan multitud de productos como conchas, brazaletes, calabazas, algodón en rama o hilado, cera, etc.

Tampoco la belicosidad de los jíbaro —también conocidos como jívaro o, más propiamente, shuar— impide la posibilidad del comercio. Entre ellos, mercancías objeto de trueque son la sal, los perros de caza, las cerbatanas, el veneno para las flechas o unos pequeños tambores. La actividad mercantil no está exenta de cierto peligro, pues quien parte a comerciar con otro pueblo marcha siempre en solitario, pudiendo sufrir un ataque como venganza por alguna antigua afrenta.

En tiempos más recientes, a cambio de sal, carne de venado y cerbatanas los jíbaro comenzaron a obtener de los colonos alimentos y útiles de los que carecían, como cerdos, pollos, armas de fuego, telas o cuchillos.

La vida social

La estructura social de los pueblos de la Amazonia es muy sencilla, no existiendo las clases sociales ni la acumulación de poder por parte de un individuo o de un grupo. Las aldeas son independientes una de otras y son gobernadas de forma democrática. En la mayoría de pueblos, que no en todos, existe una jefatura, pero ésta se apoya en argumentos débiles, mucho más en la persuasión que en la fuerza. Lévi-Strauss cuenta cómo, entre los nambicuara, el jefe basa su autoridad en el prestigio personal y en su capacidad para inspirar confianza. El jefe lo es en función del consentimiento de los demás y, en caso de disputa con alguna facción descontenta, el problema se resuelve con ambos bandos intentando convencer a los demás de que su postura es la adecuada: *el jefe no sólo debe actuar bien; debe tratar —y su grupo confía en él para esto— de actuar mejor que los otros.* Los jefes nambicuara están permanentemente en la cuerda floja, debiendo mostrar en todo momento su ingenio, su habilidad en la toma de decisiones y su generosidad a la hora de hacer regalos. Como quiera que el poder político no se hereda, si un jefe desea abandonar su puesto o se siente incapaz de desempeñarlo, bien por edad, bien por enfermedad, él mismo se encarga de designar a su sucesor, no sin antes haber realizado un sutil sondeo entre el grupo. En ocasiones, ocurre que el designado no desea aceptar el cargo, que ciertamente conlleva más obligaciones que privilegios, lo que hace que deba llevarse a cabo una nueva elección. Desde luego, según señala Lévi-Strauss, al menos entre los nambicuara no existe mucha competencia por ser jefe, pues son muchas sus cargas y pocos sus privilegios. Al jefe corresponde tomar decisiones acordes con los deseos del grupo, convencer más que ordenar y dar más que recibir. Sus trabajos requieren de numerosos conocimientos y su responsabilidad es grande: deciden hacia dónde ha de marchar el grupo, las etapas, las expediciones de caza, las relaciones con otros grupos. Si se trata de un jefe de aldea, además debe dirigir los trabajos agrícolas, lo que conlleva una fuerte carga. ¿Siendo tantas las obligaciones, cuáles son entonces las recompensas? Principalmente, una: el reconocimiento del grupo, el prestigio y el respeto que se gana día a día. Y, simbólicamente —y no menos importante— un privilegio: el marchar el primero en la guerra.

Pese a no existir en los poblados de la Amazonia una autoridad fuerte e incuestionable, existen mecanismos para obligar a que las cosas se hagan. Estos mecanismos son más o menos informales, es decir, no están explicitados en ningún código escrito, basándose más bien en la tradición y el respeto que cada cual, o el grupo familiar al que pertenece, se ha ganado. La mayor fuerza que opera en los poblados amazónicos es la derivada del parentesco: por el mero hecho de nacer, un individuo se halla situado en una compleja red de relaciones, en la que ocupa una posición relativa y variable con respecto a todos sus parientes. Estas relaciones marcan los derechos y las obligaciones, lo que uno puede esperar recibir y lo que está obligado a entregar cuando le sea requerido.

La base de la vida social de los poblados es el parentesco y la familia. La unidad mínima del parentesco es la familia nuclear, que integra a un hombre, su mujer y sus hijos. Cuando se juntan varias familias nucleares, esta unidad es llamada familia extensa. En algunos pueblos, como entre los yanomami, las familias se agrupan en una unidad mayor, el linaje. Y sólo en unos pocos pueblos, como los tikuna, los linajes se han agrupado en clanes.

La estructura social más compleja de la región corresponde a los grupos de lengua gé que habitan en el Brasil central, como los kayapó del norte y los shavante. En la estructura social típica de los grupos gé, los poblados están divididos en dos o más partes, una división que funciona no sólo a nivel simbólico, sino también práctico. La pertenencia a uno de estos grupos conlleva obligaciones y derechos, marcando unas pautas que acompañarán al individuo durante toda su vida. Una persona es adscrita a una u otra parte en función de la descendencia, aunque también intervienen otros factores, como la estación en que nació. Estas agrupaciones o sociedades estructuran la vida del poblado, rivalizando entre sí en determinadas celebraciones, como cuando los equipos deben arrastrar troncos de palmera a la manera de una competición deportiva. Las funciones de estas instituciones sociales están perfectamente definidas, siendo en muchos casos recíprocas. Por ejemplo, los miembros de una agrupación son los encargados de enterrar a los muertos de otra.

Los poblados kayapó tienen uno o dos jefes. En el primer caso, el jefe es elegido por sus cualidades personales, seleccionado de entre los dirigentes de las agrupaciones masculinas; si se trata de dos jefes, los designados son los jefes de las sociedades de hombres. Como recompensa por su labor, el jefe recibe una casa propia y parte de las piezas mayores capturadas por los cazadores. En la casa de los hombres, en la que habitan todos los varones a partir de los ocho años, se toman las decisiones más importantes para el poblado: cuándo emprender una expedición de pesca por envenenamiento, el momento propicio para marchar en verano o dónde sembrar un nuevo huerto. Dichas asambleas se celebran siempre de noche.

En la casa de los hombres se fabrican objetos artesanales y se instruye a los más jóvenes sobre la historia del poblado, las costumbres y las habilidades masculinas. En ella residen todos los hombres, solteros y casados, aunque los jefes de familia suelen pasar el día con sus mujeres e hijos y regresar a la casa de los hombres al amanecer. Para los guerreros casados más jóvenes, ser vistos de día con sus esposas resulta una ofensa.

Las aldeas camayurá, finalmente, son gobernadas por un consejo, compuesto por el jefe de poblado, los jefes de las casas y otros hombres maduros. El grupo se reúne cada noche en la plaza, junto a una hoguera, para deliberar sobre los asuntos comunales. La responsabilidad principal del jefe es cumplir y hacer cumplir las decisiones del consejo, organizando las actividades comunales y representando al grupo ante otras tribus, aunque no lo dirige en caso de guerra. El jefe es elegido de entre un grupo de posibles candidatos, formado por los parientes masculinos del jefe anterior y los miembros del consejo. En su elección se tienen en cuenta las habilidades personales, su carácter conciliador y su habilidad para resolver las disputas. También se valoran sus aptitudes como chamán. El ser designado jefe de una aldea no le comporta al jefe abandonar sus quehaceres cotidianos ni recibir compensación material alguna. El único pago que recibe el jefe por su labor es el respeto de todos y el saber que, cuando fallezca, será objeto de un funeral específico.

La vivienda. Una minoría de poblaciones de la Amazonia son nómadas, por lo que no construyen poblados ni viviendas permanentes y las casas que levantan están hechas de materiales frágiles y perecederos, constituyendo apenas refugios. Sin embargo, las poblaciones que se dedican a la agricultura, pese a cambiar cada cierto tiempo de campos de cultivo, levantan poblados estables, de mayor tamaño y más sólidas hechuras, que ocupan durante una o más décadas.

Si los poblados van a ser ocupados durante un largo período de tiempo, las casas se construyen de forma más consistente y con mayor cuidado. Si, por el contrario, las casas se van a habitar por un período de tiempo corto, las armaduras y la cubierta se hacen con materiales endebles. Por ejemplo, los amahuaca construyen sus casas en apenas tres días, pues las habitarán durante sólo un par de años.

Las viviendas y los poblados tienen las formas más diversas, dependiendo de las tribus que las construyen y de sus necesidades. Los nambicuara que habitan en el Guaporé brasileño levantan dos tipos de residencia según la época del año de que se trate. En la estación lluviosa levantan viviendas de planta circular, con varas clavadas en el suelo que curvan y unen por su extremo superior y las que también atan horizontalmente a otras varas curvadas. Toda la estructura se cubre con paja. En la estación seca, por el contrario, abandonan el poblado y practican el nomadeo, resguardándose en pequeños abrigos hechos con ramas.

Mucho más espectaculares son las casas de los tukano, que habitan en el área Norte Amazónica, junto al río Vaupés. Los tukano o tucano construyen una gran casa comunal, llamada *maloca*, que puede alcanzar los 27 metros de largo, 18 de ancho y 8 de alto. El tejado se monta a dos aguas, cubierto con hojas de palma, y las paredes anterior y posterior, hasta unos 2,5 metros de altura, se fabrican de corteza de árbol y se decoran con pinturas de colores, siendo de ahí en adelante de juncos. Las paredes laterales se confeccionan con las hojas trenzadas de una palma llamada *leche*. Los poblados se erigen en zonas de bosque previamente limpiadas de maleza, con un patio delantero.

Estas *malocas* pueden albergar una gran cantidad de personas, incluso un poblado entero de cien o más personas. Las familias ocupan los laterales del espacio interior, mientras que la zona central se considera de tránsito o para realizar diversas ocupaciones, como trabajos, reuniones, etc. En los últimos tiempos, estas casas comunales de gran tamaño están siendo abandonadas a favor de otras más pequeñas, ocupadas por una sola familia.

Los waica del área norteamazónica se agrupan en aldeas formadas por viviendas dispuestas circularmente alrededor de una plaza, en la que se realizan ceremonias diversas, como danzas, combates y rituales. En las casas residen familias polígamas. Los tupís que habitaban en la región entre los ríos Tapajós y Madeira vivían en casas de gran tamaño, levantadas en torno a una plaza circular. En el centro de ésta se construía una casa de planta rectangular, que podía tener hasta cien metros de largo y que se utilizaba para ceremonias públicas, como las reuniones de los guerreros.

Muy espectaculares son también las viviendas de los grupos que habitan en el alto Xingú. Las aldeas se levantan en grandes descampados del bosque, en los que se construyen no más de seis casas, dispuestas alrededor de una plaza circular de entre 75 y 100 metros de diámetro. Las casas son de planta oval y en general muy grandes, dependiendo sus dimensiones del número de personas que van a habitarlas. Normalmente tienen entre 15 y 20 metros de largo y 6 de ancho, con una altura de entre 6 y 12 metros. La estructura de la vivienda se apoya en una larga viga horizontal, de más de 7 metros de longitud, sujeta por dos pilares de madera. Sobre esta viga se dispone la cubierta, a dos aguas, que llega a alcanzar el suelo. La parte exterior de la casa se construye con numerosos postes, entre los cuales se colocan palos a los que se atan haces de hierba, con los que se forman las paredes. Muros y tejados forman una curva continua, lo que hace que las casas se asemejen a grandes montones de heno.

La entrada y salida de la vivienda se realiza por medio de dos vanos abiertos en los muros largos y colocados uno enfrente del otro. Uno de ellos se orienta a la plaza, mientras que el otro permite el acceso al bosque. Estos huecos se cierran de noche o en casos de tormenta mediante puertas confeccionadas con hojas de palma.

Con el mismo estilo, aunque de mayores dimensiones, se suele también construir la vivienda del jefe del poblado y sus parientes y amigos. Las casas se levantan para ser ocupadas durante un período no superior a los cinco años, y en no pocas ocasiones resultan destruidas por los incendios.

En el interior de las viviendas no existen los tabiques ni las divisiones. Cada familia ocupa un espacio señalado por varias hamacas, que cuelgan de uno de los postes centrales en uno de sus extremos. Existe hacia el centro de la vivienda un área común, en la que se realizan actividades como la preparación de alimentos.

Entre los pueblos del alto Xingú, las casas las ocupan cuatro o cinco familias emparentadas, sin una norma de residencia definida. Es frecuente que los matrimonios jóvenes pasen un período de tiempo en casa de los padres de la esposa, trasladándose después a la vivienda de los padres del marido.

Frente a este tipo de casas, algunas otras sí que poseen muros en su interior. En estos casos, las viviendas no tienen ventanas y sólo cuentan como acceso con una pequeña puerta. Como resultado, el interior resulta muy oscuro, lo que ayuda a mantener una temperatura fresca de forma constante y a resguardar a sus habitantes de los molestos insectos.

El ajuar doméstico. El interior de las casas de los grupos amazónicos resulta extremadamente sencillo. Los muebles son relativamente escasos. En muchos grupos los hombres se sientan en taburetes de madera, tallados con la forma de un animal; las mujeres, por el contrario, se sientan sobre esteras de palma trenzadas, que aíslan de la humedad del suelo.

El elemento doméstico más extendido en toda la Amazonia es la hamaca, según algunos autores un invento de los pueblos amazónicos. En el interior de las viviendas, el espacio ocupado por cada familia aparece marcado por una hoguera y las distintas hamacas en las que descansan hombres, mujeres y niños. Éstas cuelgan generalmente entre un poste central y los de los muros, dispuestas de forma radial.

Las hamacas son conocidas por buena parte de los grupos amazónicos, aunque los gé brasileños y los jíbaro ecuatorianos utilizan camas de plataforma. La hamaca ofrece algunos aspectos ventajosos: es ligera, permite la transpiración y, al estar colgada, aísla de la humedad y los insectos que pululan por el suelo. Además, son fáciles de transportar y montar, lo que es muy apreciado por quienes tienen que trasladarse frecuentemente.

El uso de la hamaca varía de unos pueblos a otros. Los amahuaca las confeccionan de gran tamaño, lo que permite que duerman en ellas el marido y la esposa. Lo más frecuente es, sin embargo, la hamaca individual. Los hombres kuikurú cuelgan las suyas por encima de las de sus mujeres, a quienes corresponde mantener vivo el fuego durante la noche.

Aparte de las hamacas, los grupos amazónicos conocen un buen número de utensilios para el desarrollo de las actividades cotidianas. Las labores de subsistencia —agricultura, caza, pesca, recolección— requieren de herramientas como palos para sembrar, arcos, flechas, canoas, hornos de harina de mandioca, etc. Las poblaciones fabrican cestos de muy diversas formas y tamaños, así como escudillas, cazos de calabaza, cacharros de barro, parrillas, ralladores, morteros... La alfarería está muy extendida entre todas las poblaciones de la Amazonia, si bien son los gé el único gran grupo que la desconoce. Los pueblos nómadas, al carecer de animales de transporte, no se caracterizan por la producción cerámica, pues los cacharros de barro resultan pesados y difíciles de llevar. La cerámica indígena es muy variada: los grupos yanomami elaboran cacharros gruesos y pesados, mientras que los shipibo o los conibo fabrican vasijas delicadas, ricamente decoradas y con bellos calados.

En las últimas décadas, los útiles tradicionales indígenas se han ido sustituyendo por elementos ajenos a su tradición cultural. Así, se han introducido machetes, hoces, hachas, armas de fuego o incluso latas, que son usadas como recipiente para cocinar o alimentarse. Ocurre lo mismo con los tradicionales hornos de cerámica, en los que se cocina la harina de mandioca, sustituidos por hornos de cobre.

En un medio como el amazónico, en el que el agua tiene tanta importancia, la canoa es uno de los artefactos fundamentales, pues permite el transporte de personas y enseres. Las canoas amazónicas pueden ser de gran tamaño. Algunas, como las de los indígenas del alto Xingú, alcanzan los 7 metros de largo y llegan a soportar hasta 500 kilogramos de peso, permaneciendo útiles durante dos años.

Estos pueblos fabrican sus canoas con corteza de árbol, una labor muy complicada. En primer lugar se elige el árbol apropiado, un alcornoque, y se levantan andamios a su alrededor para trabajarlo. Después se selecciona el trozo de corteza y se comienza a labrar con hachas, pasando más tarde a cortarlo. Finalmente comienza la parte más difícil, pues es necesario desprender la corteza del tronco sin que se rompa. Para ello introducen cuidadosamente cuñas y la ahuecan quemando paja, con lo que además el material se vuelve más fácil de trabajar, permitiendo levantar los dos extremos longitudinales, que serán la proa y la popa de la embarcación.

Como se dijo anteriormente, algunos útiles tradicionales han sido sustituidos por otros de procedencia moderna. Sin embargo, en algunos casos el trasvase cultural se ha producido en sentido inverso, pues hay invenciones indígenas que han sido adoptadas por las poblaciones de colonos. Así ocurre, por ejemplo, con un artefacto creado para elaborar la pasta de la mandioca, el llamado *sebucan* o *tipiti*, un exprimidor en forma de tubo alargado realizado con hojas de palma trenzadas, en cuyo interior se exprime la pasta, permitiendo eliminar el jugo venenoso. La utilidad de este artefacto hizo no sólo que fuera adoptado por los colonizadores modernos, sino que éstos los transmitieran a su vez a otras poblaciones nativas de la Amazonia que lo desconocían.

Vestimentas y adornos. Es muy frecuente entre los pueblos de la Amazonia el que tanto hombres como mujeres vayan completamente desnudos. Así ocurre, por ejemplo, entre los sirionó, cuyo único ornamento común es un collar confeccionado con semillas de palma chonta, cañones de pluma y colmillo de coatí o mono araña. Para ciertas ceremonias se decoran la cara y el cuerpo con pintura roja y se colocan plumas en el pelo, que llevan siempre corto.

Los kayapó, de modo similar, tampoco usan ropa, siendo muy escasos los ornamentos que utilizan. Con ocasión de ciertas ceremonias, hombres y mujeres se visten de manera especial, colocándose penachos de plumas, collares y otros adornos. Los hombres, además, se colocan piezas en los labios. Es frecuente también la pintura corporal en el caso de los niños, quienes también se colocan adornos en las orejas.

En muchos otros pueblos es muy normal que hombres y mujeres utilicen algunos elementos de vestido cuya misión es ocultar la zona púbica, como el *tanga* en las mujeres o las fundas peneanas en los hombres. Hombres y mujeres camayurá van completamente desnudos, excepto una cuerda fina que les rodea la cintura. Es posible también encontrar tanto a hombres como mujeres que llevan bandas de algodón hasta debajo de la rodilla. Las mujeres hacen colgar de la cuerda de la cintura por su parte delantera una pequeña pieza triangular a modo de delantal, fabricada con una hoja doblada. En el caso de las indígenas de las Guayanas, como los waiwai, esta pieza se confeccionaba con cuentas de vidrio —anteriormente semillas— entrelazadas, muchas veces componiendo finos dibujos.

Los indios camayurá, con motivo de alguna celebración, se pintan el cuerpo con un tinte rojo y lo adornan con plumas, faldas y capas de palma, así como tobilleras fabricadas de corteza. En la vida diaria, los hombres llevan orejeras, un brazalete de algodón y discos de concha atados a la cintura; las mujeres, por su parte, se colocan collares de cuentas.

Entre los pueblos de la Amazonia occidental es posible encontrar prendas de vestido realizadas en algodón cultivado. Faldas y otras piezas se fabrican con telares de espalda. Los hombres shipibo, conobo, pito, campa y machiguenga, todos ellos habitantes de las montañas peruanas, llevan una camisa larga conocida como *cushma*.

Los hombres jíbaro visten una pieza de algodón de forma rectangular, que les envuelve la cintura y llega hasta por debajo de la rodilla. Las mujeres llevan una pieza también rectangular, prendida sobre el hombro derecho y atada a la cintura con un cinturón de cuerda, que les llega hasta las rodillas. Como ornamentos, se perforan los lóbulos de las orejas para colocarse tubos de bambú, adornados con plumón blanco y crestas de tucán. En el caso de las mujeres, éstas se introducen en el labio inferior una caña de pequeñas dimensiones. Los jíbaro también se adornan con collares, dientes, huesos, bandas de piel para la cabeza… y se realizan tatuajes en la cara y decoraciones corporales con pintura roja y negra.

A modo de resumen, y para finalizar este apartado, es preciso decir que existe una amplísima variedad de ornamentos, tanto en su forma como en los materiales que se emplean para su confección. La enorme extensión y diversidad del bosque amazónico hace que existan multitud de semillas, conchas, dientes de animales, hélitros, bayas, etc., que son utilizados por las poblaciones nativas para fabricar sus adornos. Pulseras, brazaletes, collares, pendientes, bezotes, cintas... son objeto también de una gran diversidad de formas, colores y tamaños. Otro tanto ocurre con la pintura corporal, muy practicada entre los distintos pueblos, pero en la que se utilizan tantos colores como el medio natural permite. El tatuaje, aunque practicado, no guarda sin embargo una excesiva complejidad, excepción hecha de los mundurucú. En cualquier caso, el adorno que mejor simboliza a los pueblos de la Amazonia es el tocado de plumas, de uso ceremonial, una espectacular pieza multicolor confeccionada con los plumajes de aves como los loros, tucanes, *cotingas* o paujíes.

La división del trabajo. La estructura social de los indígenas amazónicos es bastante sencilla, no existiendo ni clases sociales ni especialización profesional. No hay tampoco especialistas que se dediquen a tiempo completo a la producción de alimentos, ni a la fabricación de cacharros cerámicos, ni a dirigir a los demás. Se puede afirmar, pues, que todo el mundo sabe hacer lo que hace el resto. La única división social, en cuanto al trabajo que cada uno desempeña se refiere, tiene que ver con la edad y el sexo; es decir, mujeres, hombres, niños y ancianos tienen asignadas determinadas tareas en razón de su sexo y los años que tienen. De todas formas, no existe el mismo tipo de división en todos los pueblos, aunque básicamente se puede decir que a las mujeres les corresponden las tareas culinarias y la educación de los niños, mientras que los hombres se encargan de la caza y la guerra. Las labores del campo se reparten entre ambos géneros: siembra y cosecha para las mujeres, desbroce del bosque para los hombres. No obstante este esquema, la variedad de casos hace que determinadas actividades que en algunas tribus corresponden al género femenino, en otras recaigan sobre el masculino, existiendo diferentes patrones de división sexual del trabajo. Así, por ejemplo, Betty Meggers encontró que las labores de manufactura que entre los sirionó recaían en sus mujeres, entre los jíbaro las realizaban los hombres. Pese a las reglas generales anteriormente expuestas, los casos son muy diferentes. Por este motivo, citaremos a continuación algunos ejemplos que sirvan de ilustración.

La recolección corresponde generalmente a las mujeres, como ocurre entre los xavante y los timbira. Sin embargo, entre estos últimos son los hombres quienes se encargan de recolectar la miel. Sobre hombres y mujeres mundurucú recae la tarea de recolectar alimentos, aunque no parece que ésta sea una actividad básicamente masculina, pues los hombres participan en ella sólo cuando la caza escasea y, en ocasiones, como auxiliares de las mujeres, ya que éstas se hacen acompañar de un hombre para que trepe a los árboles. La recolección del piñón la realizan, entre los xokleng, los hombres casados, quienes suben a los árboles para desprender y arrojar las piñas al suelo; después, el hombre desciende y recoge los piñones junto con su mujer.

Entre los waiwai y los jíbaro, la mujer pasa casi la mitad de su tiempo preparando el alimento principal, la mandioca. Las mujeres jíbaro además realizan otras tareas de subsistencia, como plantar, cosechar, acarrear agua o cuidar de los niños, lo que les comporta estar ocupadas casi todo el día. Por el contrario, los hombres jíbaro dedican a la provisión de alimentos apenas un 20 por ciento del tiempo diario, lo que ayuda a explicar el hecho de que sobre ellos recaiga la labor de fabricar enseres y utensilios.

Entre los sirionó la caza, actividad masculina, ocupa la mitad del tiempo de los hombres, la misma proporción que dedican las mujeres a las tareas de avituallamiento. Es a ellas a quienes corresponde elaborar las manufacturas domésticas: confeccionar hamacas, fabricar cacharros y cestas, etc.

Un esquema similar, es decir, el de hombres que aportan alimentos y mujeres que los preparan para ser consumidos, se da entre los camayurá; ambos géneros, masculino y femenino, invierten aproximadamente la misma proporción de tiempo en la realización de sus tareas, compartiendo por igual el resto de trabajos que tienen que ver con la vida cotidiana, principalmente la realización de manufacturas.

En ocasiones, la especialización del trabajo que realizan hombres y mujeres llega a ser extremada. Así ocurre, por ejemplo, entre los krahó, a cuyas mujeres corresponde confeccionar determinado tipo de cestos, pero son los hombres a quienes toca fabricar las asas. Algo similar pasa entre los tenetehara y la fabricación de collares hechos de dientes, cuentas y semillas: los hombres agujerean las piezas y las mujeres las ensartan.

Aparte de la división del trabajo por sexo, existe también una segmentación por edades. Así, determinadas tareas recaen sobre niños y ancianos. Para los pueblos amazónicos, los primeros deben aprender las labores que les corresponderá hacer en el futuro, por lo que acompañan a los progenitores en sus quehaceres cotidianos, sirviendo como auxiliares o realizando trabajos livianos. Los juegos de los niños, en este mismo sentido, les sirven para imitar a los mayores, asimilando pautas de comportamiento que desarrollarán en la vida adulta: los niños cazan pequeñas aves con arcos adaptados a su tamaño, mientras que las niñas se preparan para su futura maternidad jugando con muñecas o cuidando de sus hermanos pequeños.

Los ancianos tienen también labores específicas. Alejados de su mejor momento físico, se acude a ellos en busca de consejo y sabiduría, pues se considera que su experiencia es un bien muy provechoso y útil para la comunidad. También se les asignan determinadas labores auxiliares, como espantar a los pájaros para evitar que estropeen la cosecha o, entre los krahó, acarrear las armas de los cazadores y las piezas capturadas, mientras los jóvenes y los hombres de mediana edad compiten en una carrera hasta el poblado.

Nacimiento, infancia y adolescencia. Es muy común entre los pueblos amazónicos que, durante el embarazo, se produzcan ciertas restricciones y tabúes por parte de los futuros padres, con el objetivo de asegurar el bienestar del niño. Así, los progenitores camayurá se abstienen de ingerir determinados alimentos; los jíbaro, además, eluden el contacto sexual hasta el destete del niño. El padre kayapó debe abandonar la vivienda familiar desde el momento en el que el feto comienza a moverse, residiendo en la casa comunal de los hombres hasta que el niño pueda ya caminar, momento en el que puede regresar a su casa. Entre los waiwai, los últimos tres o cuatro meses de embarazo registran numerosas restricciones, estando prohibido tanto consumir determinados alimentos como realizar ciertas actividades, no pudiendo la mujer, por ejemplo, fabricar cacharros cerámicos o participar en expediciones de pesca por envenenamiento. El objeto de estas restricciones, entre los pueblos amazónicos, es evitar interferir en el feto, pues se considera que, de no tener estas precauciones, el niño nacerá débil física y mentalmente.

El alumbramiento, en ocasiones, puede producirse en solitario, acudiendo la mujer a algún claro del bosque o realizándolo en el propio huerto, sin ningún tipo de ceremonia. Más frecuentemente, sin embargo, es que el parto se produzca acompañado de algún pariente femenino, junto con alguna mujer experta que asiste como comadrona. La mujer sirionó da a luz en la casa familiar, ante la curiosidad y, acaso, la indiferencia del resto de mujeres y niños. Nada más comenzar las primeras señales del parto, y siempre y cuando sea de día, el padre ha de salir de caza, pues al niño se le asignará el nombre del primer animal capturado por su padre. Un día después de nacer, al niño se le arrancan los pelos de las cejas y de la parte anterior de la cabeza, con los que la madre confeccionará un collar. Durante los tres días siguientes al alumbramiento es importante que padre y madre mantengan ciertas restricciones, con el objeto de propiciar el bienestar del niño. Así, se comportan de manera especial, manteniéndose cerca de las hamacas, no consumiendo determinados alimentos y realizándose escarificaciones en las piernas. Tras este período de tiempo se considera que el peligro ya ha pasado, por lo que se celebra un rito que da fin de manera simbólica a esta etapa de restricciones; la abstinencia sexual, sin embargo, se prolongará durante un mes.

En el caso de los waiwai, el nacimiento se produce en una choza especial y en él colaboran el padre o algún pariente femenino. Como entre los sirionó, los padres deben también observar ciertas restricciones, habitando en la choza en la que se produjo el parto durante las dos semanas posteriores al mismo. Se piensa que los tres primeros años de vida del niño son los más peligrosos, pues su cuerpo y su alma aún no están definitivamente unidos. Por este motivo, los padres deben abstenerse durante este período de realizar ciertas actividades: al padre no le está permitido cazar ni pescar excepto peces pequeños, mientras que a la madre le está prohibido ingerir carne. El tiempo libre que le queda al padre lo invierte en cuidar del niño, lo que permite a la madre ocuparse en la preparación de la mandioca.

Como en los casos anteriores, también la mujer kayapó es asistida durante el parto, con la ayuda de sus parientes femeninos más próximos. Uno de ellos, la abuela o la tía paterna, es la encargada de presentar al niño a los miembros de la aldea, llevándolo de casa en casa. Para ser presentado, al niño se le pinta el cuerpo con motivos en rojo y negro, se le corta el pelo para hacerle un fleco y se le vendan las piernas. Con tres o cuatro días de vida ya se le realiza un agujero en las orejas y, si es un varón, también se le perfora el labio inferior. Las restricciones ocupan la primera etapa de la vida del niño, reduciéndose drásticamente la dieta de los padres mientras la supervivencia del nuevo miembro familiar no está asegurada. Es frecuente entre los kayapó la adopción de niños, tanto si se trata de huérfanos como de pequeños dados en custodia. En este caso, la entrega del niño en adopción sirve para estrechar los lazos sociales, pues el padre o madre adoptivo, que se obliga a criar al hijo como si fuera propio, pasa a ser considerado como un hermano del padre que hace la entrega.

También para asegurar la salud del recién nacido, los progenitores jíbaro se abstienen de realizar determinadas tareas durante las jornadas siguientes al parto. La madre permanece en la casa durante tres días, mientras que el padre apenas realiza alguna tarea durante algo más de una semana, cuidándose especialmente de no cazar o utilizar un machete. Algo parecido sucede entre los camayurá, pues tras el parto, que es público y tiene lugar dentro de la casa, el padre no debe abandonar la residencia familiar durante un mes. Consecuentemente, corresponde a los parientes llevar comida para alimentar a la pareja y su descendencia.

En todos los grupos puede ocurrir, sin embargo, que el embarazo o el bebe no sean deseados, por motivos diversos. En estos casos existen soluciones diferentes. Los jíbaro conocen procedimientos anticonceptivos y abortivos, aunque generalmente los hijos, tanto varones como hembras, son deseados. Los camayurá también practican el aborto, especialmente si se ha dado el caso de que la mujer se ha quedado embarazada sin que se haya producido el destete de un hijo anterior. El infanticidio es realizado por los kayapó cuando nacen gemelos o si la madre fallece durante el alumbramiento o a consecuencia de éste. También los waiwai practican el infanticidio, aunque sólo en el caso de que nazcan gemelos o de que el recién nacido tenga el mismo sexo que los cuatro niños anteriores. Finalmente, los sirionó, pese a preferir a los varones, no realizan el infanticidio ni cuando nacen hembras ni cuando el recién nacido presenta alguna deficiencia física.

En general, los niños pequeños son tratados con enormes cantidades de afecto y cariño por parte de sus mayores, gozando de gran libertad y siendo rarísimos los casos de castigos. Los niños pasan el tiempo correteando, divirtiéndose con sus juguetes —habitualmente, arcos y flechas para los varones y muñecas para las niñas— o intentando capturar insectos o animales de pequeño tamaño. Algo más dura es la vida de las niñas, pues es frecuente que desde muy pronto se les comience a enseñar la manera de realizar las tareas domésticas, exigiendo su colaboración.

Los niños camayurá viven ligados a su madre hasta que dejan de consumir la leche materna, lo que ocurre entre los tres y los cuatro años de vida. Hasta los seis años llevan una existencia completamente libre: pueden comer y dormir cuando les plazca, con la sola supervisión de sus hermanos mayores y los adultos. A partir de los seis años comienzan a diferenciarse los niños de las niñas, pues los primeros participan en las expediciones de pesca y juegan con sus arcos y flechas, mientras que las segundas realizan tareas domésticas, como ayudar en los huertos, cuidar de los niños más pequeños, traer agua a la casa o aprender a danzar. Es la madre quien supervisa la educación de niños y niñas hasta la pubertad, reprendiéndoles si no muestran el debido respeto a los mayores o si son muy desobedientes.

Igualmente tranquila resulta la existencia de los niños waiwai. A los tres años, edad a la que suele nacer un nuevo bebé, el niño deja de alimentarse con la leche materna. Dos años después, tanto niños como niñas comienzan a aprender las labores que les están reservadas en razón de su sexo: los varones se adiestran en el manejo de pequeños arcos y flechas, mientras que las niñas colaboran con la madre cosechando la mandioca.

La vida de los niños jíbaro transcurre plácidamente hasta que cumplen los siete años de vida. En ese momento comienzan a desempeñar tareas que les permiten aprender los trabajos propios de la edad adulta. Como pueblo guerrero, los jíbaro enseñan a sus muchachos varones a manejar las armas, bien sea cazando, bien adiestrándose para la guerra. Además, se les prepara física y mentalmente, enseñándoles a resistir el dolor e inculcándoles sentimientos como la fiereza en el combate, la venganza y el odio contra los enemigos.

Los niños kayapó pasan sus primeros siete años de vida pegados a su madre, no siendo destetados hasta que cumplen los primeros cuatro o cinco, a pesar de que se haya producido un nuevo nacimiento. Cuando tienen tres años, a los pequeños se les decora el cuerpo con complicadas pinturas de color negro, que se mantienen brillantes gracias a ser retocadas cada diez días. A partir de los siete años, niñas y niños siguen caminos diferentes. Las primeras poco a poco aprenden las labores domésticas, especialmente a adornar su cuerpo, viviendo constantemente en un ambiente femenino. Los niños, por su parte, acompañan a los adultos en sus cacerías y juegan con otros niños de su edad, adiestrándose en el manejo de arcos y flechas.

Los pequeños sirionó son atendidos con gran mimo por parte de sus progenitores: nada más esbozar un ligero lloro el bebé recibe la atención de sus mayores y, a partir de los seis meses, ingiere la comida masticada. A la edad de tres años el niño deja de alimentarse con la leche materna y, en ese tiempo, los varones reciben un arco y flechas de pequeño tamaño y las hembras un pequeño huso. Hacia los ocho años de edad, los niños ya han recibido los conocimientos suficientes que les permitirán desempeñar en el futuro una vida de adultos. Se considera especialmente importante el que los niños conozcan qué alimentos deben o no ingerir, evitando así el contraer determinadas enfermedades. También se imparten a los niños varones los conocimientos necesarios para cazar y se les inculcan valores que habrán de resultarles útiles en la madurez, como la agresividad o la combatividad.

El paso de la infancia a la madurez es, entre los pueblos de la Amazonia, una etapa de especial importancia. La pubertad es vista como un período de transición entre la edad infantil y la adulta, por lo que se la rodea con diversos ceremoniales que demuestran su trascendencia. Los ritos de paso varían en intensidad de unos pueblos a otros. En algunos, como los waiwai, apenas se realiza nada especial para marcar el tránsito a la vida adulta de los muchachos, excepto realizarles una perforación en el tabique nasal y entregarles una banda que deberán llevar en el brazo.

Más frecuente es, sin embargo, el tener que realizar durar pruebas. En general, los jóvenes varones son sometidos a diversos sufrimientos, cuyo objetivo es fortalecerles física y mentalmente y permitirles integrarse en el mundo de los adultos, abandonando los hábitos infantiles. A estas pruebas los muchachos deben enfrentarse solos, aguantando el dolor y mostrando la valentía que de ellos se espera. A los jóvenes guianas que habitan en Guayana se les oprime el pecho con pajas en las que hay hormigas venenosas. Las hormigas pican al joven, quien debe aguantar el dolor sin dar muestra de decaimiento. En caso contrario, deberá repetir la prueba. Algo similar deben aguantar los maué brasileños, quienes tienen que insertar las manos en una especie de guantes de mimbre en cuyos lados se han insertado las hormigas.

La pubertad es, pues, una etapa en la que al joven muchacho se le permite acceder a la edad adulta e integrarse en el grupo como un miembro de pleno derecho. Como etapa de transición, es también un período en el que los jóvenes reciben consejos y conocimientos que les estaban vedados de niños y que les serán útiles de mayores. Cuando cumplen los diez años, los muchachos kayapó pasan a vivir a la casa de los hombres, recibiendo una educación que les permitirá, más adelante, integrarse en la vida adulta masculina. Mientras dura su estancia en la casa de los hombres, es su madre quien le lleva los alimentos. Los muchachos son puestos bajo la tutela de un guerrero adulto, junto al que duerme, que es quien le enseña los valores propios de su condición, como la capacidad de sacrificio o la bravura en la guerra y las técnicas de caza. Las enseñanzas no son sólo teóricas: el muchacho ha de superar duras pruebas que servirán para fortalecer tanto su cuerpo como su carácter. En una de ellas, el cuerpo del joven es untado con veneno de oruga, poniendo a prueba su resistencia. En otra, se le aplica una especie de pintura mezclada con hormigas o avispas. Finalmente, una tercera prueba consiste, entre los kayapógorotire, en que jóvenes y guerreros adultos suben a un árbol, de dos en dos, y golpean un avispero, haciéndose picar por las avispas embravecidas. Con sus cuerpos cubiertos de estos insectos, los jóvenes han de resistir todo lo posible hasta que no pueden más y caen al suelo, donde son ayudados por las mujeres.

No es menos dura la pubertad de los jóvenes kuikuru. El muchacho es aislado durante una temporada y, finalmente, debe luchar con una anaconda. Al combatir contra este animal, se considera que el joven toma su fuerza, entrenándose de paso en el combate cuerpo a cuerpo. Finalmente, y antes de matar al animal, el adolescente deja que le muerda en el antebrazo, mata a la serpiente y extrae su hígado, con el que se frota el cuerpo. Hecho esto, se considera que el niño finalmente ha desaparecido, para dejar paso a un adulto de pleno derecho.

El aislamiento forma también parte de la pubertad de los muchachos camayurá. Hacia los cuatro años, los jóvenes son recluidos durante un largo período en una parte especial de la casa, donde se encargan de construir diversos útiles, como arcos o flechas. Durante este período reciben instrucción y consejos de los mayores, se les cuenta la historia grupal y aprenden conocimientos sobre el ritual, las tácticas guerreras o a tocar la flauta. Como entrenamiento de resistencia física, tanto a los chicos como a las chicas se les realizan escarificaciones. Este período de paso entre la infancia y la madurez finaliza en septiembre, la época en la que se celebra la ceremonia del *kwarúp* y en la que se realizan los matrimonios.

El sufrimiento ocupa también un lugar importante en la educación de los jóvenes de otros pueblos. Los muchachos jíbaro tienen prohibido ingerir diversos alimentos, al mismo tiempo que su vida diaria se ve fuertemente restringida, con un buen número de actos que no pueden realizar. Hacia los quince años se realiza una fiesta de iniciación que dura cinco días y a la que acuden invitados de otras aldeas, lo que demuestra la importancia del momento. Pasado este rito, los muchachos jíbaro deben habitar en el lado masculino de la casa hasta el momento apropiado para casarse.

En el caso de las muchachas, generalmente las pruebas no comportan el mismo dolor, sufrimiento ni esfuerzo físico. No obstante, existen algunas excepciones a esta regla. Las chicas tikuna son emborrachadas con el jugo fermentado de la yuca, lo que les ayuda a soportar el dolor que han de sentir mientras las mujeres ancianas les arrancan los cabellos trenzados. Más tarde son atacadas por un grupo de hombres disfrazados con máscaras de aspecto maligno y vestidos de corteza, portando falos enormes del mismo material.

Al igual que en el caso de los muchachos, también a las jóvenes se las aparta ritualmente. Al llegar la primera menstruación, las chicas camayurá son retiradas de la vida social durante tres o cuatro meses, habitando en la misma casa familiar pero ocultas tras un biombo. En su retiro, la joven se dedica a tejer, siendo visitada sólo por las mujeres adultas, quienes la instruyen en cuestiones como el comportamiento que habrá de tener hacia su marido o el uso de hierbas para abortar, así como se la aconseja sobre el embarazo.

También las muchachas kuikuru son apartadas durante un período, en este caso especialmente largo, pues puede durar hasta dos años. En esta etapa residen en un lugar separado de la casa, no pudiendo cortarse el pelo y hablando en voz baja a las visitas. Acabado el período se considera que ya está preparada para casarse, correspondiendo al novio cortar sus largos cabellos.

Las muchachas sirionó también se preparan ritualmente para el matrimonio. Tras serles afeitada la cabeza por sus padres, son conducidas a una plataforma construida en un terreno cercano a alguna fuente de agua. En este sitio deben permanecer dos o tres días, siendo bañadas con frecuencia y recibiendo instrucción sobre el ritual que habrán de observar hasta el momento del matrimonio, especialmente sobre lo que deben y no deben comer. Cuando pasa este período pueden volver a la aldea, donde intensifican su instrucción en las labores domésticas. Durante un período aproximado de un año, el tiempo que tarda el cabello en crecer hasta los hombros, deben observar una completa abstinencia sexual.

Por último, señalaremos el caso de las jóvenes wai-wai. Estas, cuando comienza su primera menstruación, son recluidas en una choza sin puertas, donde vivirán solas los siguientes dos meses, dedicadas a hilar algodón y alimentándose de harina, zumo de mandioca y algunos peces. Al concluir su reclusión se les entrega una banda que deben llevar en los brazos y se les permite mantener relaciones sexuales con otros jóvenes, aunque durante los dos años siguientes habrán de trabajar duro y respetar ciertas restricciones alimentarias.

El matrimonio. Tanto en el caso de los muchachos como en el de las muchachas, cuando acaba el período de iniciación se considera que ya están listos para contraer matrimonio, lo que puede ocurrir de manera inmediata o tras un cierto período de tiempo. En el caso de los kayapó de la *Terra Firme* brasileña, tras su ritual de paso el joven pasa a ser un guerrero. Esto sucede hacia los quince años de vida, dando comienzo una etapa en la que el muchacho, ya considerado un adulto de pleno derecho, goza de numerosos privilegios. Muy probablemente, su matrimonio ya ha sido concertado, pero hasta que se produzca al joven le está permitido mantener relaciones sexuales. Libre de obligaciones, es el centro de las ceremonias, ocupa un lugar destacado en la residencia de los hombres, su autoridad se respeta en todo el poblado y pasa el día entrenándose físicamente y enseñando a los niños. Hasta tiempos recientes, sin embargo, se consideraba que el muchacho kayapó no era un adulto de pleno derecho hasta que no mataba a su primer enemigo.

Esta etapa de privilegios, no obstante, termina en cuanto se contrae matrimonio y se tiene el primer hijo, pues hombre y mujer están obligados a abandonar en buena medida las actividades públicas para dedicarse a la familia. Como quiera que durante la fase de juventud abundan el prestigio y los privilegios, tanto hombres como mujeres intentan retrasar el mayor tiempo posible su matrimonio y paternidad, prolongando la soltería, ingiriendo anticonceptivos y practicando el aborto.

El matrimonio es concertado por los padres, a veces nada más nacer el niño. Lo más frecuente es, sin embargo, que para los varones se espere entre los quince y dieciocho años, mientras que el matrimonio de las chicas se concierta cuando tienen entre diez y doce años. La norma general es la monogamia, aunque son frecuentes las relaciones extramatrimoniales, lo que puede ser, si se descubre, causa de divorcio. Durante la primera fase del matrimonio, hasta que nazca el primer hijo, los lazos que unen a ambos cónyuges son más débiles, pudiendo romperse la relación con facilidad. El marido reside en la casa de los hombres, visitando la casa de la esposa solamente por la noche. En caso de divorcio, la mujer puede mantener relaciones sexuales con alguno de los guerreros.

Cuando nace el primer hijo, el hombre pierde su condición de guerrero y pasa a ser jefe de familia; cada vez dedica mayor tiempo a los suyos, algo que se incrementa a medida que nacen más niños. El hombre sale de la casa de los hombres y permanece de día con su familia, aunque al amanecer regresa a la residencia masculina. Ahora es padre de una prole y debe vigilarla, interesarse por su alimentación y velar por su salud; para él ya no es un problema, como lo era antes, el ser visto de día con su esposa.

También los matrimonios de los jóvenes camayurá son concertados por los padres a temprana edad. Como regla de preferencia, se elige como esposa para un hijo varón a una prima cruzada —la hija de la hermana del padre—, aunque es muy frecuente que los matrimonios se realicen con personas más alejadas, incluso pertenecientes a otras tribus, a veces también con prisioneros. Tras el matrimonio, el extranjero es considerado como un pariente, aunque sus hijos no son totalmente vistos como camayurá. La regla matrimonial es la monogamia, si bien se da con cierta frecuencia la poligamia, especialmente la forma en que un varón se casa con dos hermanas. También son frecuentes las relaciones extramaritales y, en caso de divorcio, la mujer no tiene más que salir de la casa del marido llevándose su hamaca. El adulterio, caso de probarse, no es visto con demasiada dureza por los demás, aunque lo normal es que el culpable reciba varios golpes como castigo.

La ceremonia matrimonial, como en toda la Amazonia, es bastante sencilla, consistente en que ambos contrayentes se cortan mutuamente el cabello que se dejaron crecer mientras estaban recluidos durante la pubertad. Una vez casado, y pese a formar ya su propia familia, el hombre no escapa de la autoridad del padre, pues éste habrá de ser respetado y temido mientras viva, siendo obedecidas todas sus órdenes.

También los jíbaro prefieren como esposa a una prima cruzada, aunque se practica la exogamia entre aldeas, es decir, se busca una mujer de un poblado diferente. Cuando la boda se ha formalizado, la joven pareja pasa a residir a la casa del padre del novio. El hombre puede casarse con varias esposas, siendo habitual que éstas sean hermanas. Las diversas mujeres, a pesar de que puede existir una gran diferencia de edad entre ellas, suelen llevarse bien. Cuando el hombre ya ha acumulado varias esposas e hijos, lo normal es que salga de la casa paterna para fundar su propia residencia.

Finalmente, es habitual que el novio o su familia deban pagar un precio por la novia. Entre los mundurucú, cuando un joven se casa debe residir un período de tiempo en casa de los padres de su esposa, trabajando para sus suegros. También los matrimonios waiwai requieren de un cierto pago. En este caso, la concertación del matrimonio se realiza en una ceremonia formal, en la que dialogan los padres de ambos jóvenes. Después de llegar a un acuerdo sobre la idoneidad de la unión, el precio se fija en un arco o una hamaca. La ceremonia de boda no puede ser más sencilla: el marido cuelga su hamaca por encima de la de su mujer, dando comienzo la vida conyugal. A partir de entonces, el hombre puede contraer nuevas esposas, prefiriendo a las hermanas de su mujer, aunque no está obligado a pagar nada por ellas. También existen casos de poliandria —una mujer que se casa con varios hombres—, aunque esto es menos frecuente. Anteriormente, caso de probarse, el adulterio podía ser castigado con la muerte del esposo hallado culpable.

Edad madura y muerte. Los pueblos de la Amazonia consideran que la principal misión de los hombres y mujeres adultos es conservar y alimentar a su prole. El prestigio de un hombre está en relación con su habilidad como cazador, es decir, de su capacidad para conseguir alimentos, mientras que el de una mujer aumenta cuantos más hijos tiene y mayor es su capacidad para cultivar el huerto. El hombre, cabeza de familia, interviene activamente en los asuntos públicos del poblado, en la toma de decisiones y en las ceremonias. Sin embargo, hacia los treinta años de vida se considera que ya empieza su declinar: su fuerza y vigor decaen y, hacia los treinta y cinco-cuarenta y cinco, será considerado ya un anciano, consumiendo más alimento del que puede proporcionar.

La ancianidad es un período en el que sólo se realizan actividades ligeras, recayendo sobre los hombres el tejido de cestos y sobre las mujeres el hilado del algodón. Pese al declive físico y a suponer para el grupo una carga en términos económicos, a los ancianos se los aprecia por su experiencia y son merecedores de un gran respeto, ocupando un lugar importante en las ceremonias. Así, por ejemplo, entre los jíbaro todos los grandes festejos los dirige un anciano, hombre o mujer, lo que garantiza que se cumpla satisfactoriamente con la tradición.

Cuando llega la muerte, ya sea por edad, por enfermedad o por cualquier otra circunstancia, el asunto es tratado con especial trascendencia, una característica común a todos los pueblos de la Amazonia. Existe la creencia de que el alma de un difunto puede interferir en la vida del poblado, por lo que la mayoría de las ceremonias funerarias están encaminadas a expulsar al espíritu de la aldea y facilitar su paso hacia una vida posterior.

Existen varias formas de disponer los cadáveres. La más frecuente es enterrarlo directamente, aunque evitando el contacto con la tierra. Para ello, el cuerpo se envuelve con una hamaca o bien se cubre con mantas. En otras ocasiones, se fabrica una urna funeraria, que puede contener los huesos o las cenizas del cadáver. Esta forma de sepultura es llamada entierro secundario, pues se celebra algún tiempo después de producirse otro anterior.

Algunos pueblos, como los bororo brasileños, inhuman el cadáver a poca profundidad. En los treinta días que siguen a la muerte, la aldea celebra un ritual diferente prácticamente todos los días, al tiempo que se facilita la descomposición del cuerpo arrojando agua de forma regular sobre la tumba. Cuando acaba este período, el cuerpo es desenterrado y, después de separar los huesos limpios de carne, estos se lavan, se pintan y decoran con plumas. Una vez hecho, los huesos se depositan en un cesto especial, que es enterrado en un pantano.

En general, entre los grupos del Alto Xingú, como son los camayurá, se piensa que la muerte puede sobrevenir como consecuencia de una enfermedad o de acciones sobrenaturales, ya sea por mediación de espíritus del bosque, de las aguas o del cielo. También la muerte puede haber sido provocada por brujería, correspondiendo en este caso al chamán averiguar quién es el culpable. Una persona que sea hallada responsable del asesinato de otra mediante brujería, puede llegar a su vez a ser condenada a morir. Ante la enfermedad, el chamán intentará no sólo saber quién ha provocado la enfermedad, sino cómo puede curarla. Para ello se recurre a la escarificación, como un medio para paliar la fatiga, o bien se extraen del cuerpo del enfermo algunos objetos —huesos, escamas de pescado, hilo de algodón— considerados malignos.

Cuando el fallecimiento se produce, el cuerpo es envuelto en una hamaca y enterrado en un lugar concreto de la plaza de la aldea. El enterramiento está en correspondencia con el rango del difunto, pues si se trata de un jefe será enterrado en una cámara subterránea, en la que se clavan dos postes para colgar la hamaca. El entierro se hace acompañar de gráficas muestras de dolor por parte de los parientes, quienes gritan y lloran ostentosamente, se cortan los cabellos y se realizan escarificaciones en los brazos; después, se recluyen en casa ocultos tras un biombo, hasta que se produzca la siguiente ceremonia del *kwarúp*.

También los jíbaro dan grandes muestras de dolor por la muerte de un ser querido. En este caso, además, los llantos y gritos se hacen acompañar por amenazas y deseos de venganza hacia la persona considerada culpable del suceso. Las esposas del finado deben cortarse el cabello, no pudiendo usar ningún tipo de adorno ni pintarse el cuerpo. El cadáver, como en el caso de los camayurá, es inhumado en función del rango del individuo. La gente común es enterrada en el mismo suelo de las viviendas o en lugares muy próximos a éstas. Si se trata de un jefe, su cuerpo es depositado, junto con algunos de sus enseres, en un tronco hueco colocado entre las vigas de la vivienda. Ésta posteriormente se abandona. Algunos objetos del difunto, como su vestimenta o cerbatanas, son heredados por sus hijos, mientras que sus esposas pasan a depender de su hermano.

Muy diferente era el ritual de los tapajoz. Estos grupos rodeaban los cuerpos de los difuntos con una red y los depositaban en sus casas, junto con sus pertenencias y una figura tallada colocada junto a la cabeza. Cuando la carne se había descompuesto, los huesos del cadáver se molían y mezclaban con vino, que era consumido por los amigos y parientes. Los cuerpos momificados de los jefes recibían un tratamiento especial, construyéndose para albergarlos una especie de residencia alejada del poblado, a la que se acudía regularmente y en la que se realizaban ofrendas de vino.

Finalmente citaremos, como último ejemplo de entre otros muchos posibles, el de los waiwai. Estas poblaciones también piensan que la muerte es provocada por hechicería, excepto si quienes fallecen son niños de corta edad o ancianos. Cuando alguien está próximo a morir es retirado de la casa y llevado a un lugar cercano, donde el enfermo y un pariente esperan la llegada de la muerte. Cuando esto sucede, ese mismo día o el siguiente se prepara una hoguera y se incinera el cadáver junto con los objetos relacionados con el difunto, excepto su hacha, si se trata de un hombre, o el delantal de cuentas, si es una mujer, objetos que pasan a alguno de sus hijos. Como muestra de duelo, niños y parientes adultos femeninos se cortan el pelo, mientras que los parientes masculinos deben recortarse sus trenzas. Si el fallecimiento ha sido provocado por una acción mágica, cuando la hoguera se ha consumido el familiar varón más próximo debe recoger los huesos para vengar al difunto mágicamente mediante una ceremonia llamada *soplado*. Ésta consiste en soplar sobre el cuerpo dormido de un enemigo, lo que provoca su muerte. También se puede soplar sobre algún objeto relacionado con la persona a quien se desea dañar —lo que hace que toda pertenencia personal sea cuidadosamente escondida— o bien sobre algo que haya estado recientemente en contacto con la víctima del soplado, como algún cabello, restos de uña o alimento. El soplado mágico es, no obstante, peligroso, pues si se realiza sobre alguien dormido, éste puede despertarse o, lo que es peor aún, el soplo puede volverse en contra de quien lo realiza. Se considera que, si la operación ha tenido éxito, la víctima habrá de fallecer en un plazo no superior a dos meses.

La ley y los castigos. Entre los grupos tradicionales de la Amazonia no existe la ley, tal como se entiende en el mundo occidental; es decir, no hay una ley escrita, que todo el mundo deba conocer y que obligue a todos en sus actuaciones cotidianas. Esto no quiere decir, sin embargo, que no haya un patrón regulador de las relaciones sociales ni que no existan unos códigos de conducta no escritos considerados apropiados. Los actos que contradicen los valores del grupo son juzgados y, de ser necesario, reciben la correspondiente sanción. Sin embargo, en ocasiones, dada la particularidad de las relaciones sociales en el interior de los grupos, la forma en que se guardan el orden y la moral tienen mucho más que ver con la política que con la justicia.

Como vimos, los pueblos y aldeas de la Amazonia son en general muy pequeños, con muy pocos habitantes. Esto implica, entre otras circunstancias, que todos sus miembros pueden estar en mayor o menor grado emparentados. Las sociedades, además, suelen dividirse en segmentos, tales como clanes o linajes, que frecuentemente están enfrentados y compiten entre sí. Cuando recae sobre alguien la acusación de haber cometido un crimen, inmediatamente se ponen en marcha, por un lado, los mecanismos de solidaridad y defensa del acusado, protagonizados por sus parientes y, por otro, las reprobaciones y deseos de venganza, encabezados por los parientes de la víctima. Esta situación, caso de no existir ninguna institución o personalidad mediadora, daría lugar a un enfrentamiento abierto que rompería la vida del poblado. De ahí la importancia de la figura del jefe, los jefes o el consejo, cuya función más importante es no tanto impartir justicia como mediar en las disputas. Desde este punto de vista, pues, la justicia entre los pueblos de la Amazonia es más un asunto político que judicial, pues en el momento en que la vida cotidiana se ve rota por la comisión de un acto delictivo toda la comunidad se ve afectada, al estar todo el mundo posicionado.

La función del jefe es, pues, más procurar la cohesión social que castigar al culpable, más velar por la unión del grupo que perseguir al criminal. Sólo recaería sobre el acusado un castigo grave en el caso de que fuera abandonado por su propia facción; si por el contrario, el acusado goza de la protección de su grupo familiar, el jefe intentará en lo posible limar asperezas con la víctima, procurando minimizar el impacto de la desunión.

Entre los xavante, son los jefes y los consejos quienes juzgan los delitos. El mecanismo juzgador se pone en marcha cuando un individuo acusa a otro de haber cometido algún delito. Puede ocurrir que la acusación recaiga sobre un individuo emparentado al grupo dominante, lo que generalmente hará que no prospere. Si, además, el acusador no es apoyado por su propio grupo, la cuestión pronto pasará al olvido, con el jefe solicitando al denunciante que deje de insistir y pidiendo al denunciado y a su grupo que no tengan en cuenta el hecho ni se venguen, lo que podría acabar con el acusador y su grupo marchándose de la aldea.

Puede ocurrir, sin embargo, que el grupo del acusador se mantenga en su denuncia, pese a los intentos de mediación del jefe, lo que implicará que, a partir de entonces, la vida social se enturbie irremediablemente. Con los dos grupos enfrentados, lo normal será que salga a la luz la acusación más fuerte posible: la de brujería. Con ello se busca destruir al enemigo pues, en general, bajo la acusación de brujería se esconde un pretexto para justificar un asesinato, teniendo siempre como víctima a un individuo de la facción enemiga. En este caso, cuando se produce una acusación de brujería, no se trata generalmente en el consejo, intentándose solucionar fuera y con el mayor secreto posibles.

Cuando alguien es hallado culpable de cometer un delito, sea cual fuere, puede ocurrir que corresponda al grupo de parientes aplicar el castigo. Con ello se intenta aplacar la ira de los parientes de la víctima, evitando en lo posible que tomen la justicia por su mano, lo que podría dar lugar a una larga espiral de venganzas. En otros casos, sin embargo, existen personas encargadas de castigar a los culpables. Entre los krahó, algunas conductas reprobadas por el grupo son castigadas por un grupo de individuos que tienen determinados nombres personales. El castigo se imparte durante cierto ritual, en el que estos individuos escogidos simbolizan al pájaro coa. Estos, en un momento del rito, deben elegir a algunos hombres de entre el grupo para salir de la aldea y romper con sus manos un nido de hormigas, lo que les producirá dolorosas picaduras. Para este cometido siempre se elige a los miembros más turbulentos y díscolos del grupo, o a quienes pegan a sus mujeres. El castigo, con todo, tiene también un carácter rehabilitador, pues permite a los elegidos mostrar su valor al resto del grupo, siendo una oportunidad para ganar en prestigio.

Entre los sirionó, el mecanismo establecido para zanjar las disputas es diferente. Es muy raro que suceda un asesinato y, caso de producirse, lo que conlleva es la expulsión del culpable; en ningún caso, los familiares de la víctima utilizan la hechicería para vengarse. Difícilmente se dan casos de violencia, excepto cuando media la ingestión de alcohol. Mucho más frecuentes son las disputas en el seno de una misma familia, que casi siempre tienen como motivo el reparto de la comida. Generalmente, los enfrentamientos no implican a todo el grupo familiar, sino sólo a las personas directamente involucradas. Si, en alguna ocasión, quienes discuten están emparentados con dos familias diferentes, los miembros de éstas harán de mediadores e intentarán poner paz. Cuando el nivel de enfrentamiento es irreversible, uno de los bandos en conflicto se une a otro grupo o se separa y funda una nueva banda.

Las ceremonias. El ciclo normal de la vida discurre tranquilo y monótono durante la mayor parte del tiempo, sólo interrumpido en las ocasiones en que se realiza alguna ceremonia. Estas ocasiones festivas constituyen todo un acontecimiento y los motivos para celebrarlas pueden ser muy diferentes. Hay festivales de carácter religioso, pero otros son puramente sociales. Los kuikuru, por ejemplo, celebran estas fiestas para divertirse, cantar, bailar y beber, por mucho que los festivales sean designados con el nombre de espíritus particulares.

También hay razones seculares detrás de los festivales que celebran los waiwai. Sin una periodicidad establecida, los poblados celebran una fiesta con los motivos más diversos: inaugurar una nueva casa, fomentar la unión del grupo, poner en contacto a los jóvenes casaderos, etc. Una aldea puede, si así lo desea, celebrar al menos una fiesta al año, invitando a tantos otros pueblos como le sea posible, en función de la cantidad de comida de que disponga. Los festivales waiwai están presididos por la danza y la música, prolongándose durante largos períodos de tiempo. Así, el baile de la *shodewika*, en el que intervienen hombres y mujeres, dura entre tres y siete días. Mucho más larga es la danza *yamo*, que se celebra durante dos meses, con las interrupciones necesarias para realizar las labores de subsistencia. El primer mes de la danza *yamo* es exclusivamente masculino, sin que las mujeres puedan ver cómo bailan los hombres al son de las flautas; durante el segundo mes se incorporan las mujeres y el instrumento utilizado son las sonajas.

Los jíbaro realizan grandes festivales por los niños pequeños, cuando los muchachos llegan a la pubertad, cuando las jóvenes van a casarse, cuando acaba la etapa de adiestramiento de los perros o cuando los guerreros capturan una cabeza o *tsanta*. Las ceremonias duran cinco o seis días y a ellas son invitadas las aldeas más próximas. Se considera que la celebración de un festival traerá buena fortuna a los participantes y al poblado en general. Cuando se captura una cabeza humana comienza un período ritual de restricciones, que finaliza con una gran fiesta a la que acuden numerosos invitados. La organización del festejo comienza con mucha antelación, pues los participantes habrán de disponer de una comida abundante y los invitados se sentarán en unos taburetes especiales. Por ello, se siembran nuevos huertos y se intensifican la caza y la pesca, así como se elaboran más cacharros de cerámica. Se considera que la mala suerte recaerá sobre un guerrero y sus parientes si éste no celebra uno de estos festivales cuando le corresponde.

Las fiestas de los pueblos amazónicos están mayormente presididas por la ingestión de alcohol, producido por la fermentación de algunas plantas. Son las mujeres quienes lo elaboran, masticando trozos de maíz o yuca que luego escupen en una vasija en la que se ha depositado previamente una cantidad mayor sin mascar. Preparado el brebaje, se deja reposar en la vasija cubierta unos tres días, lo que le da un ligero toque de alcohol que, bebido en grandes cantidades, puede llegar a embriagar. Como quiera que éste es el objetivo de las celebraciones nativas, la borrachera se provoca bebiendo abundantemente para vomitar después y comenzar de nuevo.

Mujeres y, especialmente, hombres se emborrachan en grupo, dando lugar a frecuentes disputas y peleas, en las que salen a relucir viejas disputas. En las fiestas de los conibo es normal que algún hombre acuse a otro de haberse acostado con su mujer; en este caso, el marido pelea con su rival e intenta cortarle la parte trasera de la cabeza con un cuchillo fabricado con el pico de un tucán. Cuando ven que se avecina una pelea, las mujeres, que beben en menor cantidad, esconden las armas para evitar males mayores. No obstante, no siempre la ingestión de alcohol va acompañada de violencia, pues también da lugar a que afloren otras pasiones, como las de tipo sexual.

Las ceremonias de los sirionó también están presididas por el consumo de alcohol, aunque parece que de forma algo más moderada. Las únicas fiestas que se celebran tienen como motivo la entrada en la vida tras el nacimiento del primer hijo. Una vez al año, durante la temporada seca, se recoge miel silvestre y se prepara con ella un brebaje fermentado. Mientras se prepara la bebida, hombres y mujeres se cortan el pelo y se adornan con plumas y pinturas. Cuando llega la hora de la fiesta, se canta, se baila y se bebe separadamente, hombres por un lado y mujeres por otro. A mitad del festival, cuando unos y otros están a medio emborrachar, los hombres se pinchan en los brazos unos a otros, así como a las mujeres, con un aguijón de raya, dejando que la sangre caiga sobre unos pequeños hoyos del suelo. Cuando llega el nuevo día, los hombres salen de caza y las mujeres recolectan palmito, volviendo de nuevo por la tarde para acabar con el resto de la bebida. Los sirionó creen que participar en este festival les rejuvenece y propicia una buena caza. El ritual de renovación se completa a partir de ese momento con el uso de utensilios nuevos para cocinar y la observancia de determinadas restricciones, como la prohibición de ingerir algunos alimentos. De hacerse así, se piensa, las heridas de los brazos cicatrizarán correctamente.

Guerra, caza de cabezas y canibalismo. Hasta tiempos recientes muchos pueblos de la Amazonia vivían en un estado de guerra casi permanente, enfrentados a sus vecinos y a las constantes incursiones del exterior. Algunos grupos, como los kayapó o los yanomami, hicieron de la guerra prácticamente una razón de ser, educando a sus jóvenes en los valores marciales, como la hombría, la fiereza o la resistencia al dolor. En la actualidad, sin embargo, es cada vez más difícil encontrar grupos belicosos, aunque no dejan de suceder ocasionalmente ataques, emboscadas o disputas. En la mayoría de las ocasiones, el motivo de estos enfrentamientos no es la conquista de tierras o el saqueo de aldeas enemigas; la causa principal de la guerra es la venganza, el intentar castigar una antigua cuenta por una afrenta recibida. Si se produjo alguna muerte durante el ataque de una tribu vecina, ésta no será olvidada por el grupo ofendido, sino que intentará vengarla por todos los medios posibles.

Ya se dijo que kayapó y yanomami se han destacado por su ferocidad y permanente estado de guerra. Los yanomami realizan frecuentes ataques contra los pueblos vecinos, a quienes intentar intimidar y sobre quienes siempre tienen cuentas que saldar. En su lengua, *waiteri* quiere decir fuerte, bravo, y con ella se define al hombre ideal, al guerrero. Otro tanto ocurre entre los kayapó, quienes nombran al guerrero con la palabra *djokré*, de similar significado, y para quienes un joven no se hace adulto hasta que no consigue matar a un enemigo en combate.

Los kayapó, hasta hace apenas cuatro décadas, pasaban buena parte de su tiempo atacándose entre sí, a pueblos vecinos como los mundurucú o a cualquier colono blanco que penetrase en su territorio. La preparación militar es constante entre los miembros del grupo de los guerreros, pues la aldea siempre teme ser atacada en cualquier momento, especialmente por parte de los grupos con los que está emparentada. De día y de noche los guerreros hacen guardia y ponen a punto sus armas para emprender una expedición o rechazar un ataque. Como ocurre entre otros grupos gé, los niños —ya se dijo en el apartado correspondiente— abandonan muy pronto su casa para residir en la casa de los hombres, donde se les instruirá en las tácticas de combate, el uso de las armas, la disciplina y el vigor militares.

En caso de guerra, la estrategia a seguir la marcan los jefes de las dos agrupaciones masculinas, quienes dirigen discursos a los guerreros insuflándoles valor y recordándoles las pasadas afrentas que deben vengar. Armados con garrotes, los guerreros salen de expedición contra un poblado vecino y, si el ataque ha tenido éxito, incendian sus casas. Mujeres y niños que no han conseguido huir son apresados y llevados a vivir al poblado de los atacantes, donde serán adoptados como miembros de la tribu. Cuando un guerrero ha asesinado a un enemigo, todos los demás se abalanzan sobre el cadáver para golpearlo, compartiendo el triunfo como si fuera propio. La muerte de un enemigo en combate requiere que después el autor sea purificado, para lo que durante un período de tiempo no podrá abandonar la casa de los hombres, deberá abstenerse de ingerir ciertos alimentos y se realizará una enorme escarificación en el pecho en forma de «V».

No todos los pueblos de la Amazonia son, sin embargo, tan belicosos. Los camayurá, por ejemplo, son bastante más pacíficos, aunque ocasionalmente llegan a producirse algunas hostilidades. Particularmente difíciles son sus relaciones con otros pueblos de fuera de la cuenca del Xingu, sobre los que realizan expediciones para vengar alguna muerte anterior o capturar mujeres, que son incorporadas a la tribu. Puesto que no se trata de un pueblo aislado y practican el comercio con otras tribus, para aliviar tensiones se realizan ocasionalmente competiciones deportivas y se fomentan los matrimonios con miembros de fuera del grupo. No obstante esto, las suspicacias y la desconfianza hacia los demás están a la orden del día, y cuando se ha de visitar un poblado ajeno se procura que dure el menor tiempo posible y se evita dormir en su interior.

Quizás uno de los aspectos que más ha llamado la atención de algunos pueblos de la Amazonia ha sido la de la caza de cabezas. Esta práctica, junto con el canibalismo, acompañaba antes a la guerra de manera frecuente. Los mundurucú emprendían sus expediciones bélicas en la estación seca y se hacían acompañar por las mujeres, quienes se ocupaban de preparar los alimentos, transportando los enseres y cuidando las cabezas cortadas de los enemigos. Los ataques a las aldeas enemigas, cuando resultaban exitosos, se saldaban con el incendio de las casas, el secuestro de mujeres y niños y la ejecución de los hombres, a los que se amputaba la cabeza. La cabeza de un enemigo era tenida por un trofeo y, para conservarla, se procedía a secarla, se teñía con *urucú* o *genipa*, se cosían los labios y, ocasionalmente, se decoraban con unas plumas especiales, arrancadas a unos pájaros que capturaban y mantenían vivos para este fin.

Pero el pueblo más famoso relacionado con la práctica de las cabezas trofeo es el jíbaro o shuar, que ocupa el oriente de Ecuador. Para los jíbaro, la guerra tiene una clara finalidad defensiva, pues responde a una incursión enemiga, un asesinato o una acción hostil previa, como alguna muerte por brujería. Cuando se decide marchar a la guerra, previamente se intenta reunir el mayor número de combatientes posible, pidiendo ayuda a otras casas. Una vez reunido el grupo se procede a elegir a un jefe y se estudia la táctica a seguir. Nada se deja al azar: antes del ataque se envían espías para estudiar las fuerzas del enemigo, su disposición y, la noche previa, se celebra una danza. Cuando se ataca una casa enemiga los guerreros no tienen la menor piedad, matando a todos los rivales excepto a las mujeres jóvenes que no se hayan resistido, que son raptadas. Como el objetivo del ataque es la aniquilación del enemigo, se incendia su casa, se arrasa su huerto y se matan sus perros. A los enemigos muertos que no están emparentados con alguno de los guerreros atacantes se les corta la cabeza. Después, para evitar una respuesta, el grupo se retira a toda prisa y, cuando alcanza una distancia prudencial, construye un refugio, donde comenzará a reducir las cabezas capturadas.

Pese a que tradicionalmente se ha considerado que para los jíbaro las cabezas del enemigo son tenidas como un trofeo, en realidad la finalidad de esta práctica es evitar que el alma (*muisak*) del enemigo vuelva para vengarse. La preparación de la cabeza acabará por reducirla de tamaño, un proceso que dura unas veinte horas. Durante el proceso, se realiza un corte en la parte posterior, desde la nuca hasta la coronilla, que servirá para separar del cráneo el cuero cabelludo y la piel. Para reducir su tamaño, se cose y se mete en un cuenco con agua hirviendo, se introducen piedras y arenas calientes, y a continuación se agita. Finalmente la cabeza se ha reducido hasta el tamaño de un puño y es guardada, para ser utilizada más tarde en algunas ceremonias. Cuando ya se han reducido las cabezas capturadas o *tsantsa*, el grupo prosigue su marcha hasta su lugar de residencia, celebrándose la victoria a su regreso.

No podemos acabar este capítulo sin hacer referencia a otra práctica que tradicionalmente ha llamado mucho la atención, el canibalismo. Esta cuestión ha fascinado desde siempre al extranjero aunque, hay que decirlo, la práctica estuvo infinitamente menos extendida de lo que se piensa. A pesar de ello, poseemos algunos relatos que nos hablan de antropofagia e ingestión de carne humana entre algunos grupos. Quizás la narración más explícita, por estar escrita en primera persona, es decir, desde el punto de vista de quien iba a ser devorado, nos la proporcionó un viajero alemán, Hans Staden, quien en el siglo XVI fue apresado por los tupinambá que habitaban en la costa nordeste brasileña. Staden convivió con este pueblo durante nueve meses, como prisionero destinado al sacrificio y, tras conseguir escapar, escribió no sólo un relato de sus hazañas sino, y lo que es más importante, una completa descripción de la vida cotidiana de este grupo, incluyendo una pormenorizada narración de las prácticas caníbales. A partir de entonces le siguieron otros relatos de viajeros europeos, siempre con el tema de la antropofagia como elemento principal.

Los tupinambá, según se nos describe, organizaban expediciones de guerra con el fin de capturar prisioneros, más que para matar o conquistar. Por ello, se tenía especial cuidado en mantener con vida al enemigo, aunque si alguno resultaba muerto en el curso del combate, allí mismo era asado y devorado. Los prisioneros vivos eran llevados al poblado, depilados y sus cuerpos embadurnados con resina, sobre la que se pegaban numerosas plumas. De esta forma el cautivo se asemejaba en su aspecto a un tupinambá, pasando a partir de entonces a disfrutar de un estatus especial, a medio camino entre el esclavo y el hombre libre. Incluso, podía salir del poblado para cazar o pescar, y además casarse y tener hijos. Eso sí, sus hijos serían sacrificados con él el mismo día, algo que se podía evitar si alguien los adoptaba. A pesar de saber que su destino era el sacrificio, la huida de un cautivo resultaba más que improbable, pues su acto sería tachado de cobarde también por sus propios familiares, caso de conseguir regresar a su aldea.

El cautivo pertenecía a su dueño, que era quien había conseguido apresarle. Para él trabajaba y, simbólicamente, ocupaba el puesto del padre difunto, pues uno de los primeros actos que debía realizar en la aldea una vez capturado era visitar el lugar donde estaban enterrados los padres del dueño. Como gesto de integración por parte de sus captores, era costumbre entre los tupinambá entregar al prisionero las armas y los enseres del padre fallecido, e incluso se le hacía objeto de diversos reconocimientos. Sin embargo, su fin estaba decidido de antemano, y con motivo de algunas ceremonias se le recordaba que moriría sacrificado, pues se le hacía acudir a las fiestas con las piernas atadas y ataviado con unos collares que significaban cuándo habría de ser sacrificado. Además, desde los primeros días de cautividad ya todo el mundo sabía cómo se haría el reparto de la carne, pues había sido llevado ante el jefe del poblado y éste la había distribuido entre los asistentes quienes, a partir de ese momento, se comprometían a alimentar al prisionero para mantenerlo con vida hasta que llegase el momento del sacrificio. Si, en el curso de este tiempo, el cautivo moría, su carne ya no podía ser ingerida, siendo su cuerpo llevado a un bosque y su cerebro desperdigado.

Llegado el momento elegido para el sacrificio, la ceremonia duraba cinco días, y a ella acudían invitados de otras aldeas. Primero de todo se fabricaban los elementos necesarios: una soga (*mussurana*) para atar a la víctima y el mazo (*iwera peeme*) con el que habrá de ser golpeado. Los oficiantes también se acicalaban para la ocasión, pintándose el cuerpo y colocándose numerosas plumas. El primer día se pintaba la soga y se llevaba al prisionero hasta una cabaña, donde pasará la noche escuchando los cantos de un grupo de ancianas. Allí mismo se le preparará para el sacrificio, cortándole el cabello de la parte delantera y pintándole con *genipa*. El segundo día se construía un círculo de cañas al que se prendía fuego y alrededor del cual el grupo bailaba, con el cautivo arrojando a los asistentes todo cuanto encontraba. El día siguiente proseguían los cánticos y bailes, esta vez en la plaza de la aldea y con acompañamiento de instrumentos. El cuarto día, el prisionero era lavado en un río y momentáneamente liberado para ser capturado de nuevo de manera simbólica, atándole el cuerpo con la soga. A la tarde se celebraba una danza, a la que era invitado el cautivo. La noche antes del sacrificio se colgaba del interior de una cabaña el mazo que se iba a usar, decorado con trozos de concha y de huevo.

El día del sacrificio una multitud de mujeres esperaba al cautivo en la plaza para insultarle. Con la soga atada al cuello, sujeto en sus dos extremos, al prisionero se le entregaban pequeñas piedras para arrojarlas sobre las mujeres. Después se encendía un fuego y una mujer llevaba el mazo al lugar del sacrificio, enseñándoselo al cautivo. Hecho esto, el mazo pasaba a manos de varios guerreros y del jefe de la aldea, quien se lo entregaba al verdugo. Éste, con el cuerpo embadurnado de ceniza, se dirigía a la víctima diciendo: *Sí, aquí estoy, quiero matarte, porque los tuyos también mataron a muchos de mis amigos y los devoraron*. A lo que el prisionero replica: *Cuando esté muerto, aún tengo muchos amigos que seguro me han de vengar.* Entonces, el sacrificador golpeaba al cautivo en la nuca con toda la violencia posible, matándole de un solo golpe. Rápidamente las mujeres tomaban el cuerpo y lo llevaban al fuego para desollarlo.

Una vez que ya está desollado —prosigue Staden— un hombre lo coge y le corta las piernas por encima de las rodillas, y también los brazos. Vienen entonces las mujeres, cogen los cuatro pedazos y echan a correr alrededor de las cabañas, haciendo un gran escándalo. Después le abren los costados, separan el espaldar de la parte delantera y se lo reparten; pero las mujeres guardan los intestinos, los hierven, y del caldo hacen una sopa que se llama mingau, *que se beben ella y los niños. Se comen los intestinos y también la carne de la cabeza; los sesos, la lengua y todo lo demás son para las criaturas. Cuando todo está acabado, cada uno vuelve a su casa y lleva su parte consigo.*

Nada se desperdiciaba, pues todo el mundo recibía su parte de alimento según el reparto prefijado, y los huesos servían para hacer flautas, los dientes se usaban como cuentas de collar y los cráneos como trofeo.

Mucho se ha discutido acerca de las razones que impulsaban a los tupinambá a comer carne humana. Los primeros relatos vinculaban la práctica al odio que los nativos sentían hacia sus enemigos, pero se han apuntado además otras hipótesis, como que se trataba de un acto ritual, realizado para aplacar a los espíritus de los parientes muertos, o bien que con la ingestión de la carne de un enemigo se pretendía adquirir sus cualidades. Una última línea de explicación ha relacionado el canibalismo, en éste y otros muchos pueblos, con la ausencia de alimentos y la presión demográfica.

Pero además de esta forma de antropofagia, entre los pueblos de la Amazonia existe otro tipo de canibalismo, conocido por los especialistas como endocanibalismo. Extendido por muchos pueblos de América del Sur y practicado también por algunos indios norteamericanos, consiste en consumir en un ritual el polvo resultante de moler los huesos semicalcinados de un difunto. En la Amazonia, esta costumbre parece haber tenido más presencia en la zona occidental, habiendo sido especialmente estudiada entre los yanomami.

Cuando se produce un fallecimiento, el cadáver se incinera en la plaza del poblado. Cuando el fuego se ha extinguido, de entre las cenizas se recogen los huesos semicalcinados y se muelen en un recipiente de madera. El polvo que resulta se distribuye entre los parientes próximos del fallecido, quienes lo guardan en unas pequeñas calabazas dentro de sus casas. Con ocasión de algunas fiestas, los parientes del difunto consumen una bebida a base de puré de plátanos, en cuya preparación se ha utilizado parte de estos polvos. Al tiempo que beben se lamentan por su ancestro, al que realizan un homenaje. Si el difunto es un niño, solamente sus padres tienen derecho a beber.

La práctica del endocanibalismo se ha intentado explicar de maneras diversas. Para algunos autores, se pretende con ella impedir que el alma del difunto regrese y actúe sobre los vivos, una creencia muy extendida entre los pueblos de la Amazonia. Finalmente, algún otro autor ha indicado que los pueblos que realizan esta práctica se dedican generalmente a la agricultura de roza, en la que se quema el bosque para fertilizarlo con cenizas. De esta forma, se atribuye a las cenizas la propiedad de favorecer la vida; trasladando este esquema de pensamiento de la naturaleza a los hombres, surgiría la costumbre de incinerar a los muertos y consumir sus cenizas, continuando con la cadena de la vida.

Religión y mitología

La vida espiritual de los indígenas de la Amazonia es extraordinariamente rica y variada. Todos los grupos culturales tienen su propia concepción sobre el universo, un conocimiento y unas creencias que se transmiten oralmente de generación en generación. Todos los individuos saben, a los pocos años de nacer, cuál es la forma del mundo, quién o quiénes lo crearon, de qué manera, cómo conocieron los hombres la forma de extraer alimentos de la tierra, de fabricar utensilios y herramientas, quién creó las reglas que rigen su sociedad y cuáles son las relaciones de su tribu con el resto. La mayoría de estos saberes están expresados en los ricos mitos indígenas.

Los mitos. La mitología de los pueblos de la Amazonia es extraordinariamente rica. Algunas de las creencias responden a motivos presentes en muchas otras zonas del mundo, como el diluvio universal o el robo del fuego. Pero otras muchas son exclusivas de los pueblos amazónicos, como el relato de una mujer que, caminando por la selva, se equivoca de camino y va a dar al poblado de los jaguares. Acogida por éstos, la mujer tiene un marido jaguar, del que queda embarazada. Sin embargo, la madre jaguar se enemista con la mujer y causa su muerte, lo que no evita, sin embargo, que la mujer dé a luz, después de morir, a dos gemelos, el sol y la luna. Pasado el tiempo, los gemelos vengarán a su madre y subirán al cielo. Entre los pueblos de la Amazonia Occidental, una variante de este mito cuenta cómo la mujer queda embarazada de su hermano, que es la luna, naciendo de su unión las estrellas y otros cuerpos celestes.

El sol y la luna están presentes en muchos mitos amazónicos. Para los timbira, ambos astros representan a sendos héroes míticos, que vivieron en la tierra y de los que nacieron el hombre, el trabajo y la muerte. Los timbira tienen una explicación para cada uno de sus ritos, en la que cuentan cómo les fueron enseñados. Por ejemplo, un determinado rito fue aprendido por un hombre que fue comido por una sabandija y llevado dentro del agua.

La mayoría de las tribus amazónicas creen en la existencia de los héroes míticos, a los que se atribuyen virtudes civilizadoras. Son ellos quienes enseñan a los hombres a cultivar la tierra, a cazar, a relacionarse con los espíritus mediante los ritos, a conocer y respetar las reglas sociales. Muy frecuentemente, estos héroes míticos son una pareja de hermanos, como vimos en los relatos anteriores, unos gemelos míticos que habitualmente se identifican con el sol y la luna.

Mucho menos frecuentes son los casos en los que se cree en un creador único. Los kuikuru identifican al sol, que denominan *Giti*, con el creador y organizador del mundo. *Giti* creó todo lo conocido en un tiempo pasado rodeado de brumas y desconocido para los hombres, dejando luego que las cosas sigan su curso de manera natural. También el sol es el creador del universo para los tukano orientales o desana. El sol es un dios de forma humana, que creó un universo compuesto por tres niveles. El nivel terrenal es plano, el cielo tiene forma abovedada y, finalmente, el mundo infraterrenal es visto como un lugar de bendición. Cuando el sol creó a las plantas y los animales, se encargó también de asignarles funciones y de crear a los espíritus, a los que encomendó la misión de vigilar el correcto funcionamiento del conjunto. Hecho esto, el sol se dedica a dar vida con su luz tanto a plantas como animales, una luz que tiene propiedades no sólo físicas sino también espirituales.

En otros casos, finalmente, los orígenes de la tribu se explican de formas diversas. Así, los cashinawa del área Juruá-Purus piensan que ellos mismos provienen de la unión del espíritu del tabaco con una mujer, quien previamente había rechazado a otros hombres, que se convirtieron en pecaris. Para los cashinawa, los hombres pueden transformarse en animales, explicando de esta forma la creación de éstos: de una anciana sin dientes nació un armadillo; el oso hormiguero surgió de una viuda, mientras que un grupo de hombres y niños se transformaron en pecaris.

Las creencias religiosas. No existe ningún pueblo en el Amazonas que no crea en los espíritus, en los seres sobrenaturales que pueblan la vida diaria. La mayoría de estos espíritus están asociados con animales y plantas, aunque son representados con forma humana. Para los indios krahó, todas las cosas, animales, vegetales y minerales, tienen alma, llamada *karo*. Los krahó distinguen, en cualquier ente, entre su parte material y la inmaterial, de tal forma que ambas pueden estar separadas. En el caso de un hombre, su alma puede separarse de su cuerpo, como ocurre cuando sueña con un lugar lejano. En este caso, interpreta que su alma se escapó para viajar. Algo similar ocurre cuando alguien enferma, pensándose que su alma marchó a un lugar lejano, lo que provocó el mal. Consecuentemente, ésta es una situación peligrosa, pues se cree que si el alma no regresa, el individuo morirá. Cuando alguien muere, su alma se transforma en un animal que, al morir, se convierte en el tronco de un árbol. La vida del árbol finaliza cuando se produce un incendio en el bosque.

Los nambicuara piensan que la muerte se les anuncia en forma de jaguar, precisamente el animal en el que creen que se reencarnan las almas de los hombres. Al morir, el individuo es enterrado en una tumba, junto con algunos objetos personales y su arcos y flechas rotos; lo demás se quema. Para los nambiacuara, el alma del difunto permanecerá cerca del lugar de enterramiento durante los días siguientes, hasta que marcha a una montaña sagrada en la que residen los espíritus. También creen que, si se trata del alma de un varón, ésta se reencarnará en un jaguar, pero si el fallecido es una mujer o un niño, su alma será llevada por el viento, no volviendo nunca más a la aldea.

Igualmente los jíbaro creen en espíritus que están presentes en todas las cosas y seres, incluidos montañas, ríos o utensilios. También creen que los espíritus pueden trasladarse de un lugar a otro y cambiar de *envoltorio* material. El espíritu de un hombre, por ejemplo, puede entrar en el cuerpo de un animal, especialmente en el de un tapir o un venado. Otros espíritus, sin embargo, existen de forma incorpórea.

Los jíbaro piensan que los espíritus son peligrosos y pueden causar numerosos males, por lo que es preciso tratar con ellos con sumo cuidado, especialmente si se trata del alma de un brujo o un enemigo asesinado en guerra o por venganza. Para protegerse, golpean fuertemente los escudos o intentan hacer el mayor ruido posible, pues se considera que esto los ahuyenta. Para los jíbaro, las deidades más importantes son la madre tierra y su marido, a quienes se acude en determinados momentos para solicitar su favor. Especialmente importante es la primera, pues fue de quien aprendieron las mujeres a cultivar la tierra y es quien se las aparece después de ingerir algún alucinógeno.

Para los bororo, el alma se llama aroe y piensan que, tras la muerte, ésta se marcha a vivir a una de las dos aldeas en las que residen los muertos, una situada en el Este y la otra en el Oeste. Cuando el *aroe* se cansa de estar allí se traslada al cuerpo de algún animal, especialmente aves —gavilán, arará, alondra— y peces. Las almas de los ancianos se alojan en un caimán o en un sapo, antes de retirarse a las montañas o encarnarse en un ave. El alma está sujeta a algunas vicisitudes que también afectan a los hombres, como el frío, el hambre o la sed.

Los camayurá piensan que sus vidas están rodeadas de espíritus, a los que sólo los chamanes pueden ver y oír. Para éstos, los espíritus habitan en la selva y el aire, teniendo forma de enanos, aves, insectos u otros animales. Su misión es favorecer a los camayurá, velando porque sus alimentos sean siempre abundantes. Cuando alguien tiene algún problema se invoca un tipo particular de espíritu, que vive en varios utensilios, como máscaras, sonajas o flautas. Puesto que son objetos mágicos, se guardan en la casa de las flautas, teniendo cuidado de que no sean vistos por alguna mujer.

Las artes y el saber

Las artes amazónicas. En los grupos que pueblan el Amazonas existen muy escasas manifestaciones realizadas con el único fin de ser objetos u actividades artísticas. El arte, el afán por confeccionar las cosas o realizar actividades sin un fin puramente utilitario, está entre estos grupos en la elaboración de determinados utensilios, o en la representación de ciertos cantos y danzas. Las manifestaciones artísticas toman formas diversas según las diferentes tribus. Es muy general la fabricación de objetos de plumas, con muy diversos estilos, aunque en unos pueblos esta actividad toma mayor importancia que en otros. Algunos grupos destacan por su elaborada cerámica, otros por los trabajos de la madera y, finalmente, hay otros que tradicionalmente se han preocupado por realizar una complicadísima pintura ritual. Veamos algunos ejemplos.

El arte de la plumería es probablemente el que ha dado más fama a los pueblos de la Amazonia. Con plumas adornan su cuerpo en las ocasiones especiales y elaboran artefactos de gran belleza, como penachos, coronas, etc.

Ya hemos reseñado anteriormente cómo algunos pueblos conocen la técnica para modificar el color de las plumas. En cualquier caso, las plumas son objeto de grandes cuidados, que comienzan capturando al ave adecuada procurando no dañarla y almacenando las plumas hasta el momento de ser usadas para confeccionar algún objeto. Estos cuidados llegan al máximo entre los timbira, quienes guardan las plumas en cajas fabricadas de un tronco de buriti vaciado. Para asegurar su conservación, la caja se cierra con una tapa y se ata con una cuerda.

Con respecto a los trabajos de plumas, algunos autores han distinguido dos estilos. Uno es exuberante aunque no demasiado complejo, en el que se trenzan las plumas sobre grandes armazones. Este estilo está representado por pueblos como los bororo, aparaí, galibi, karajá y tapirapé. El segundo estilo se caracteriza por aunar las plumas con tejidos, resultando piezas pequeñas pero de gran belleza, muy finamente elaboradas. Éste es el este estilo seguido por pueblos como los urubus y los mundurucú.

La tradición cerámica más conocida de la Amazonia es la de la isla de Marajó, fabricada por una cultura que desapareció antes de la llegada del hombre europeo. Algo menos conocido, aunque también importante, fue el estilo cerámico propio de los pueblos de la actual zona de Santarem, también desaparecidos hace mucho tiempo.

Entre los pueblos de época reciente, la alfarería no ha sido conocida en el mismo grado por todos los grupos. Para algunos, como los xavante o los timbira, resulta totalmente desconocida; los kaingang o los bororo, pese a conocer las técnicas cerámicas, no se han preocupado tradicionalmente por confeccionar objetos muy elaborados. Entre quienes la alfarería ha alcanzado un mayor desarrollo está el pueblo karajá, famoso por 'la elaboración de muñecas. Anteriormente, las muñecas karajá se hacían como juguetes para sus niños, sin cocer y representando a mujeres aisladas y de pie. En la actualidad, las muñecas se fabrican para venderlas a los visitantes, reproduciendo a varias mujeres en grupo, algunas con dos cabezas, o escenas de la vida cotidiana. El gusto se ha adaptado a la demanda actual, con colores más vivos y la cabellera, que antes se representaba por un cilindro de cera, ahora es pintada. En cualquier caso, la confección de muñecas siempre fue y es un oficio femenino.

Notable es también la cerámica de algunos grupos del alto Xingu, como los waurá. Éstos siguen un complejo proceso alfarero, con el que logran obtener piezas muy elaboradas. Los waurá utilizan barro del río Boravi, que enriquecen añadiendo el polvo de determinadas esponjas. Unas de sus piezas más notables son las vasijas para procesar la yuca, de forma redonda y de hasta 13 kilogramos de peso. Cuando la pieza ha sido moldeada, lijan su superficie con piedras y hojas de una planta a la que llaman lija o pulidor. Una vez cubierto el exterior con una mezcla de *urucu*, barro y agua, la pieza es horneada. Después de haber sido cocida, la vasija se recubre de nuevo, esta vez con una mezcla de *urucu* y aceite de *piqui*, decorándose con motivos en rojo oscuro, negro y blanco. El fondo interior de la pieza es ennegrecido con polvo de humo.

Una forma algo más complicada tienen los vasos zoomorfos, en los que moldean cabeza, miembros y cola de varios tipos de animales, con lo que la vasija adopta la forma de un animal recostado.

La talla de la madera cuenta con varios pueblos que han alcanzado un alto grado de desarrollo, entre los que se encuentran los grupos del alto Xingu. Los karajá fabrican estatuillas de madera antropomorfas, de un estilo similar al de las muñecas de cerámica que ellos mismos confeccionan. Los tukuna hacen no sólo estatuillas de forma humana, sino también animales y una especie de armaduras, que les cubren todo el cuerpo. Estas armaduras las realizan con corteza de árbol, cuyo interior golpean con palos hasta que alcanza la flexibilidad adecuada y a las que decoran con dibujos. Sobre este armazón se colocan cabezas de animales, hechas también en madera.

La pintura corporal tiene entre sus funciones no sólo la ornamental, sino la de marcar la pertenencia de un individuo a un grupo social determinado. Muy utilizada entre los pueblos de la Amazonia, motivos, estilos, colores y formas resultan sumamente diversos. Los materiales usados en la decoración corporal son los tintes derivados del *urucu* y de la *genipa*, que dan como resultado los colores rojo y azul oscuro, respectivamente. El primero se elabora cociendo las semillas hasta resultar una pasta. El *urucu* se aplica sobre el cuerpo fijándolo con alguna grasa, principalmente de pescado. El tinte de la *genipa*, aunque en principio es transparente, con el paso del tiempo se vuelve oscuro, hasta casi ennegrecer, siendo indeleble. Además de estos productos, utilizan la cal para obtener el color blanco. Para realizar los dibujos se ayudan de manos, dedos y, en el caso de las líneas finas, varas de paja o madera. A veces se ayudan también de útiles para trazar mejor las figuras, a modo de patrones.

Finalmente, son de destacar algunas otras manifestaciones plásticas, como la cestería o el arte en piedra. Con respecto al primero, los pueblos de la Amazonia realizan objetos de formas variadas, con estilos bien definidos. Cestos, esteras, máscaras... la labor es muy diversa, conociéndose trenzados, tramas, espirales, etc. Los colores también varían, combinando tonos claros con oscuros. Utilizando hojas de palma, los bororo confeccionan figurillas humanas, mientras que los del alto Xingu fabrican figuras de animales.

El arte en piedra, por último, ya ha desaparecido, pues el contacto con el mundo europeo introdujo otros materiales, como el hierro. Sin embargo, algunos pueblos todavía conservan objetos de piedra, con funciones especiales. Los timbira, por ejemplo, llevan consigo un hacha con forma de luna, enmangada en madera y de la que cuelgan adornos de algodón; su uso es ritual: los leñadores la empuñan en determinadas ceremonias.

Con respecto a otras artes, es preciso citar la importancia de la danza y la música entre los pueblos de la Amazonia, muy presentes en sus vidas cotidianas. En ocasiones, los bailes y las canciones acompañan a ritos religiosos, mientras que en otros casos se realizan por puro entretenimiento.

La música puede ser vocal o bien realizada mediante instrumentos. Algunos pueblos del Uaupés, como los tukano, realizan su música con una orquesta de ocho instrumentos de viento, que reciben el nombre de *jurapari*. Estos instrumentos son fabricados con tubos de *paxiúba*, que se envuelven en corteza y se rodean con varas. El tamaño de los instrumentos de la orquesta varía entre los seis y los diez centímetros de diámetro. Los instrumentos se tocan sin acompañamiento vocal, de la misma forma que hay algunos cantos que son exclusivamente vocales. Se considera que los instrumentos forman parejas, con un componente femenino y otro masculino; las mujeres tienen prohibido ver los instrumentos.

No todos los pueblos de la Amazonia conocen los mismos instrumentos musicales, existiendo también diferencias en cuanto a la forma en que se utilizan. Por ejemplo, la maraca acompaña las acciones de hechicero y chamanes entre los pueblos del Uaupés o los tenetehara, pero no entre los timbira. Éstos usan la *maraca* en sus cánticos como acompañamiento: el cantante marca el ritmo con ella, mientras las mujeres danzan.

Para los krahó la música es un componente importante de sus vidas. Como gustan de las voces graves y claras, recurren a diversos procedimientos de tipo mágico para conseguirla. Los hombres se frotan estómago, pecho y garganta con la tierra que encuentran en el tronco hueco de un árbol, llevada hasta allí por algunos insectos. Las niñas beben agua con el maxilar de un mono, que siempre llevan colgado al cuello, mientras que a los niños les cuelgan del cuello un pequeño rabo de calabaza y plumas de papagayo. Se piensa que las plumas transmitirán al pequeño la capacidad del papagayo para imitar sonidos. Finalmente, para limpiar la voz niños y niñas beben agua utilizando una cierta caña.

Con respecto a los bailes, lo más común es que no se realicen nunca en pareja hombre-mujer, salvo en el alto Xingu. En este caso, la mujer baila poniendo su mano sobre el hombro del hombre. Algunas danzas son individuales, mientras que otras son colectivas.

Las prácticas curativas. La Amazonia es una de las zonas con mayor abundancia y diversidad de hierbas y plantas narcóticas de la Tierra, entre las que se incluyen numerosas drogas. Éstas son utilizadas en numerosas ceremonias y con fines diversos, como experimentar visiones, comunicar con las almas de los antepasados, calmar el cansancio o el hambre, o diagnosticar y curar enfermedades. Veamos algunas de estas plantas.

La ayahuasca o yagé (*Banisteriopsis caapi*) es probablemente la más utilizada de todas las plantas alucinógenas en la región. Se trata de una liana que crece silvestre especialmente en la Amazonia occidental. Para prepararla, se introducen algunos trozos en agua y se ponen a hervir, consumiendo después el bebedizo. El efecto es alucinógeno, produciendo visiones a través de las cuales se entra en comunicación con los espíritus.

Otra planta de gran uso en la Amazonia occidental es la coca (*Erythroxylon coca*), usada para calmar el cansancio físico y el dolor. Se consume mascando sus hojas mezcladas con cal.

Los yanomami, entre otros pueblos, se provocan visiones aspirando a través de un tubo el polvo de las semillas de un árbol similar a la mimosa (*Anadenanthera peregrina*).

Con todo, la planta narcótica más extendida de la Amazonia es el tabaco, probablemente utilizado por vez primera en la región. El uso del tabaco, contrariamente a lo que sucede en otras partes del mundo, es ritual, no siendo nunca fumado por placer. El tabaco es usado por los chamanes para comunicar con los espíritus y averiguar gracias a ellos la causa de una enfermedad. Cuando alguien cae enfermo, inmediatamente es llamado el chamán, cuya primera acción es conocer qué o quién ha provocado el mal. Comienza entonces a inhalar tabaco, hasta tal punto que llega a entrar en trance, pudiendo entonces comunicar con los espíritus. Una vez conocido el origen del mal, en ocasiones el chamán echa el humo del tabaco sobre la zona del cuerpo del paciente en la que considera que se halla la enfermedad. Después retira de ella un dardo mágico y algún otro objeto, explicando al paciente que lo tenía alojado en su cuerpo y que esto era lo que le causaba el daño.

La inserción de objetos extraños en el cuerpo es, a los ojos de la mayoría de estos pueblos, la primera causa de enfermedad. Consecuentemente, para sanar a un paciente lo primero que debe hacer un chamán es extraer el objeto, para lo que se ayuda del tabaco. El tabaco, se piensa, tiene un espíritu poderoso, que puede a su vez convocar a otros espíritus, quienes ayudan al chamán en su curación.

Además de ésta, otra causa común de enfermedad es la pérdida o sustracción del alma. Se piensa que el alma puede abandonar el cuerpo mientras el individuo duerme, o que ha sido sustraída por un espíritu maligno. El asunto reviste una gravedad excepcional, pues, si no se consigue recuperar a tiempo, el enfermo morirá. Para conseguir la curación se recurre en todos los casos al chamán.

Los chamanes kuikuru, cuando quieren recuperar un alma, fabrican un muñeco de paja llamado *kefegé*, sobre el que soplan tabaco para darle vida. Robert Carneiro, del Museo de Historia Natural de Nueva York, cuenta cómo, en cierta ocasión, presenció la recuperación de un alma:

(...) Agaku, el chamán kuikuru, remó hasta un lugar en medio del lago, situado directamente encima de donde se suponía que vivía el espíritu ladrón de almas. Al llegar al lugar preciso, se zambulló hasta el fondo del lago apretando la muñeca kefegé *contra su pecho. Un minuto después rompió la superficie del agua con un alarido sobrehumano y fue izado a la canoa. Después de algunos salvajes alaridos, Agaku, repentinamente, «murió». Durante todo este tiempo, sin embargo, continuó agarrando estrechamente el* kefegé*, y, cuando volvió en sí, contó a los que estaban a su alrededor que a través de la muñeca había conseguido arrancarle el alma perdida a su espíritu raptor. Más tarde la volvió a reimplantar en el cuerpo del paciente, colocándole el* kefegé *en el pecho.*

El papel que desempeña el chamán es, con todo, bastante peligroso. En cuanto que individuo con poderes, puede curar enfermedades y servir de ayuda a la comunidad, pero por esto mismo también puede ser culpado de todos los males. Los chamanes jíbaro, por ejemplo, tienen como principal misión curar las enfermedades, pero también pueden influir en el clima, provocar enfermedades e incluso causar la muerte, así como encontrar al culpable de una. A pesar de tantas y tan importantes funciones, el chamán jíbaro no ocupa un lugar prestigioso dentro del grupo, pues se piensa que todo el mundo, pese a no haberse especializado en ello, puede ejercer poder sobre el mundo de los espíritus. La diferencia entre el chamán y el resto de las personas es que éste ha profundizado en el conocimiento de la magia, los espíritus y las plantas, aprendiendo con un chamán experto y observando ciertos tabúes.

Pero su saber, como se dijo, es peligroso, por lo que cuando alguien fallece deben cuidarse de las iras de sus familiares, ya que, para los jíbaro, toda muerte de un adulto es causada por hechicería. Al chamán corresponde, entonces, desviar la culpa, hallando al *auténtico* responsable. Para ello acude a los espíritus y, cuando consigue identificar al culpable, los parientes del fallecido se encargan de vengarlo. No se trata, en este caso, de una muerte en combate, por lo que no se cortará su cabeza como trofeo ni se realizará celebración alguna.

Entre los bororo existen dos tipos de chamanes, llamados *aroettawaaare* y *bari*. Existen muchas similitudes entre ambos, como que los dos se inician a través de sueños que no pueden contar a nadie; ambos cazan convertidos en animales; los dos realizan ofrendas durante sus curaciones, soplando, succionado o escupiendo; en ambos se encarnan los espíritus, quienes hablan a través de su boca. También *aroettawaaare* y *bari* se comunican con los espíritus, de quienes conocen sus nombres y a los que llaman, y ambos finalizan las ceremonias con la frase: *Me voy otra vez*. Sin embargo, los dos actúan de manera diferente.

El *aroettawaaare* sólo procede de noche y tiene prohibido comer ciertos pescados y mamíferos. Si incumple esta norma contraerá una enfermedad, aunque puede ser curado. Tiene además el poder de transformarse en ave y en ante, para poder ser cazado. Cuando va a curar a un enfermo, invoca el alma de un muerto ofrendando cigarros, agua limpia, agua con lodo y harina de maíz. Mientras acuden los espíritus, el chamán actúa sobre el cuerpo del paciente: le echa humo, le chupa en el lugar donde se localiza la dolencia, sopla, tose y se escupe en la mano, acciones que repite en varias ocasiones. Hecho esto, el chamán habla como si estuviera poseído por el alma del muerto, diciendo que se marcha y se lleva consigo el mal que aqueja al enfermo. Finalmente, el *aroetta-waaare* empieza a beber, diciendo que es el alma del muerto la que está bebiendo. Cuando llegue la noche, el chamán soñará con el paciente y las almas de los muertos, y al día siguiente sabrá, interpretando lo soñado, si el enfermo sanará.

El *bari*, al contrario que el *aroettawaaare*, actúa de día y con gran gesticulación. Puede transformarse en serpiente o en algún gran felino y debe abstenerse de comer ciertos alimentos; si incumple esta norma caerá gravemente enfermo, siendo su dolencia incurable. Cuando ha de realizar una curación, el *bari* acude a los *maereboe* o espíritus de otros *bari* muertos. Para sanar al paciente, el *bari* chupa la zona de la dolencia y extrae un objeto de pequeño tamaño —una piedra, una uña, un diente, etc.— que fue colocado allí por un *maereboe*.

Además de curaciones, los *bari* realizan otras funciones, como determinar dónde se encuentran la caza y la pesca en abundancia, enviar un castigo a un enemigo, predecir desastres, etc. Para ello siempre se ayudan de los *maereboe*, que pululan por los cielos, la superficie o el subsuelo. Los *maereboe* intervienen en el movimiento de los astros y los elementos y, para invocarlos, el *bari* se pone de frente al Sol y los llama a gritos. Con esto consigue ser poseído por los espíritus y entrar en trance, agitándose su cuerpo convulsivamente y comenzando a actuar.

Otros conocimientos. Una gran parte de los conocimientos indígenas tienen un efecto mágico. Sin embargo, existen otros muchos saberes exclusivos del mundo amazónico cuya aplicación resulta positiva desde el punto de vista empírico. En ocasiones, es posible encontrar técnicas muy elaboradas y complejas, que atañen a campos del saber como la medicina, la botánica o la biología. Muchos de estos conocimientos, desgraciadamente, se han perdido junto con los pueblos que los habían desarrollado, siendo ya muy difíciles, si no imposible, de recuperar. En otros casos, la ciencia actual ha conseguido beneficiarse de saberes y tradiciones que fueron primeramente desarrollados por el mundo indígena.

Las técnicas y saberes indígenas están presentes en una gran mayoría de sus actividades cotidianas, como la caza, la pesca, la preparación de alimentos, la curación de enfermedades o el trabajo agrícola. El conocimiento de los pueblos amazónicos es puramente empírico, es decir, se basa en la observación de la naturaleza y la experimentación con los objetos y fuerzas que en ella encuentran. Así pues, es un saber acumulativo, que ha sido producido por una investigación del entorno físico que rodea a estos pueblos. Por ello, el primer paso dado por estos pueblos indígenas en su afán de conocer el mundo es la clasificación de las cosas, la ordenación de los elementos.

Nos encontramos con que los pueblos amazónicos, como todos los demás, intentan entender el universo, comprenderlo para poder usarlo. Así pues, elaboran sistemas clasificatorios con los que organizan el mundo en función de sus propios intereses, visión y finalidad. Para entenderlo más fácilmente, contrapondremos el modo de conocimiento indígena al de la ciencia actual. Para ésta, un árbol o un animal, por ejemplo, quedan definidos por una serie de categorías, como especie, subespecie, familia, género, raza, etc. Con esto basta, en general, para una cultura como la nuestra, pues con decir, por ejemplo, manzano o pavo, ya el concepto está perfectamente definido, al menos a efectos prácticos. Las culturas amazónicas, sin embargo, necesitan en ocasiones ir un paso más allá, estableciendo diferencias, dentro de un mismo género vegetal, en función de conceptos tales como el hábitat, las características del tronco, el tamaño, si es árbol o arbusto, el tamaño o color de las flores, etc.

Estas distinciones tienen su correspondiente reflejo en las distintas lenguas indígenas. Por resumirlo: allá donde nosotros describimos un manzano con la palabra *manzano*, un indígena amazónico podría describir, con una sola palabra, si tiene o no frutos, para qué sirven estos, qué edad tiene o si sus flores son iguales o semejantes. Todos estos detalles son, por supuesto, relevantes para ellos, y por este motivo, las lenguas indígenas permiten explicitarlos.

Algunas culturas van un paso más allá y aplican otras divisiones basadas en otros criterios. Los krahó, por ejemplo, dividen y clasifican a las plantas y animales que conocen en dos mitades, *wakmenye* y *katamye*, que son las mismas mitades en que ellos mismos dividen a los miembros de su sociedad. Sin duda, para su mentalidad y cultura, esta clasificación resulta de suma utilidad.

Para unas culturas tan integradas con el medio es también de enorme provecho conocer determinados aspectos del mundo vegetal y animal. Los grupos amazónicos han aprendido las conductas de los animales, si salen de noche o de día, dónde van a beber y dónde a comer, de qué se alimentan, cuándo están maduros los frutos que comen, etc. Es lógico pensar que todos estos conocimientos son imprescindibles para unos pueblos cuya supervivencia está tan íntimamente ligada al medio ecológico en el que habitan. Un buen jefe nambicuara, por ejemplo, tiene en sus manos la vida del grupo, por lo que debe conocer perfectamente su territorio, dónde hay frutales y la mejor caza, qué época es la mejor para recolectar o cazar un determinado animal, las rutas que siguen las otras bandas, si éstas son amigas u hostiles, etc.

Otros conocimientos de los pueblos de la Amazonia son aún más específicos. Ya se aludió en el apartado referido a la caza al uso de sustancias como el *curare* o, en el de la pesca, a la práctica del envenenamiento de las aguas para capturar peces. Ahora nos detendremos algo más en estos conocimientos.

Curare es el nombre que designa a los venenos de origen vegetal usados en la caza por los indios de la Amazonia. Existen tantos tipos de curare como pueblos que los usan, habiendo algunos de aspecto duro, otros líquidos, unos compuestos por una sola sustancia y otros por varias.

El *curare* se prepara de muy diversas formas dependiendo de las tribus, interviniendo en su elaboración diferentes elementos mágicos. Tiene como ingrediente principal un alcaloide tóxico, la *curarina*, derivado de una liana silvestre conocida como *Strycnos toxifera*. Los distintos pueblos que lo elaboran pueden llegar a utilizar hasta una treintena de componentes, entre los que se encuentran hormigas venenosas aplastadas o colmillos de serpiente pulverizados. El aspecto del *curare* es similar al del alquitrán, con un sabor muy amargo.

Las zonas donde se usa el curare son el macizo de las Guyanas, el alto Orinoco, el alto Amazonas y zonas de Mato Grosso. Los pueblos de la Amazonia han demostrado la eficacia y efectividad del *curare* para la caza. Mientras que la flecha, por muy preciso que haya sido el lanzamiento, generalmente hace que el animal herido se agarre con todas sus fuerzas a la rama o al tronco en el que está, incluso después de muerto, un dardo impregnado con *curare* provoca que el animal se adormezca y caiga al suelo.

También para pescar, como dijimos anteriormente, se utilizan algunos venenos, denominados genéricamente *tingui* o *timbó*, en el Brasil, y *barbasco*, en los países de habla hispana. Se sabe que en América del Sur se utilizan en la pesca cerca de setenta especies de plantas, agrupadas en cinco especies botánicas por los investigadores: sapindáceas, papilionáceas, euforbiáceas, compuestas y teofrastáceas. Las primeras son, propiamente dichas, las que los nativos denominan *timbó* o *tingui*, y se caracterizan por contener una sustancia llamada saponina. Esta sustancia, aplicada al agua, impide a los peces respirar con normalidad, haciendo que, a los 20 o 30 minutos de agitarse compulsivamente, permanezcan absolutamente quietos, pudiendo llegar a morir. Si se desea, los peces que aún permanecen vivos pueden ser reanimados tras colocarlos en agua pura. Las papilionáceas funcionan de modo diferente. Contienen una sustancia llamada rotenona o alguna similar, que paraliza a los peces y les provoca la muerte.

El conocimiento del medio que poseen algunos pueblos se plasma también en otros ámbitos. Ciertas tribus practican una técnica especial para conseguir cambiar a su antojo el color de las plumas de las aves, bien sea para usar las plumas como adorno, bien para tener a las aves así coloreadas como ornamento. Esta técnica es conocida con el nombre de *tapiragem*.

A los tupinambá les gustaban las plumas de color amarillo. Para conseguirlas, arrancaban las plumas verdes y, en las heridas, aplicaban la sangre de una determinada rana, haciendo que las nuevas plumas salieran de color amarillo. Algo similar hacen los grupos del Vaupés, quienes arrancan las plumas del pájaro, mezcla de color azul o naranja, y aplican la secreción de una pequeña rana sobre las heridas. Con ello consiguen que salgan plumas de un intenso color amarillo, siendo de un efecto permanente, pues parece que, si se vuelven a arrancar, las nuevas plumas saldrán del mismo color.

El *tapiragem* también lo practica el pueblo guaikuru. En este caso, siempre en primavera, verano u otoño, se arrancan a un papagayo sus plumas verdes y se le inocula una sustancia preparada con la raíz de una planta conocida como logoguigo o con tinte del árbol nibadenigo, ambas del color del azafrán. Cuando vuelven a salir, las plumas son verdes o amarillas; arrancan de nuevo las primeras y repiten el proceso, hasta conseguir que todas las plumas que salgan del ave sean amarillas. Con esta técnica pueden lograr hasta dos *cosechas* de plumas amarillas. Una última variante de esta técnica la practicaban los makuxi quienes, tras arrancar las plumas, aplicaban *urucu* sobre el cuerpo del ave y le hacían beber agua mezclada con *urucu*, con lo que conseguían plumas de color amarillo.

Para acabar con este capítulo citaremos dos ejemplos más de conocimiento técnico indígena. Uno es el de la elaboración de la sal, que no era conocida por estos pueblos pero que comenzaron a usarla como condimento tras la entrada de los colonos blancos. De ellos dependen, mayoritariamente, para conseguirla, aunque hay pueblos como los del Xingu que saben fabricarla.

Los suyá fabrican sal a partir de una planta acuática, llamada aguapé, que es recolectada por las mujeres. Cuando las plantas están bien secas se colocan sobre brasas, convirtiéndose en ceniza. Después se separa el carbón de la sal y, el resto, se sitúa sobre una estructura de ramas, corteza y hojas, construida a modo de colador. Al echar agua sobre las cenizas, ésta cae dentro de una cazuela colocada bajo el colador; el líquido resultante se hierve y, al evaporarse el agua, queda la sal precipitada.

Finalmente, citaremos el uso de ciertos vegetales como anticonceptivos, utilizados por pueblos como los kayapó, quienes usan una planta de la familia de las simarubáceas para impedir la menstruación y el embarazo.

Anexo: la extinción de la vida amazónica

La exuberancia de la vida natural en la Amazonia y el bosque tropical apenas fue vislumbrada por los primeros viajeros, pues hoy en día se estima que en estos lugares se albergan la mitad de las formas de vida existentes en la Tierra, así como cerca de las cuatro quintas partes del total de la materia viva del planeta. Los biólogos piensan que viven en estas selvas unos cinco millones de especies vivas, de los que apenas son conocidas un 10 por ciento. La clasificación del resto, su conocimiento, choca frontalmente con el frenético ritmo de destrucción impuesto por el mundo actual.

La Amazonia, región de altísimo valor ecológico y verdadero *pulmón* de la Tierra, se deshace poco a poco. Durante décadas su territorio ha sido invadido de manera incontrolada, provocando graves desequilibrios ecológicos.

La ocupación masiva comenzó en 1840, cuando la demanda internacional de caucho provocó la llegada de numerosos colonos y compañías productivas, lo que atrajo a su vez a una ingente cantidad de personas en busca de un utópico enriquecimiento rápido. Fueron muchos quienes se internaron por bosques y ríos en busca de oro —los llamados *garimpeiros*—; muchos quienes llegaron para construir carreteras de miles de kilómetros de largo o para realizar gigantescas obras de ingeniería. Las pocas ciudades existentes en un área tan grande, como Iguitos o Marañao, vieron surgir otros centros menores, al abrigo del impulso colonizador. Las actividades extractivas (caucho, madera, hierro, petróleo, gemas, metales) y agropecuarias llevan tiempo siendo desarrolladas sin una planificación previa que tenga en cuenta el demoledor impacto ecológico que están produciendo. El uso irracional de recursos naturales, pese a los llamamientos de algunas voces nacionales e internacionales, está produciendo una constante degradación ecológica, cuyas consecuencias pueden ser demoledoras para todo el planeta a corto y medio plazo. Los bosques están siendo talados y las tierras quemadas para aprovechar la madera, criar ganado o construir nuevas poblaciones, con el resultado de unos suelos cada vez más erosionados e improductivos.

Como consecuencia, el bosque lluvioso tropical está desapareciendo sin que apenas se haga nada por evitarlo. Desde 1492, de un total de diecisiete millones de kilómetros de bosque tropical han sido destruidos más de siete, especialmente a partir de 1945. Los estudiosos han determinado que actualmente se extingue una especie salvaje cada día. El conjunto, desolador, tendrá consecuencias nefastas, especialmente por lo que a las normas climáticas se refiere.

La pérdida de la riqueza natural corre en paralelo con la pérdida de la diversidad cultural. Se desconoce cuántos grupos indígenas existían a la llegada de los europeos, aunque no se ignora que, a partir de ese momento, su número empezó a disminuir. A comienzos del siglo XVII comenzó una carrera desenfrenada por capturar esclavos para las plantaciones situadas en las costas brasileñas. Con el apoyo frecuente de los misioneros —quienes intentaron hacer abandonar a los indios sus poblados para obligarlos a vivir concentrados en reductos—, los cazadores de esclavos realizaron frecuentes incursiones, de forma que hacia mediados del siglo XVIII la Amazonia estaba prácticamente despoblada. Las expediciones en busca de esclavos debieron internarse cada vez más adentro, remontando afluentes y alcanzando el Orinoco.

La explotación esclavista continuó hasta comienzos del siglo XX, aunque cambió de forma. Mal vista la esclavitud como concepto, los productores de caucho recurrieron a la fórmula del peonaje, según la cual se obligaba al indio o *caboclo* a contraer deudas con una factoría, para cuyo pago debía trabajar en condiciones infrahumanas y durante un tiempo casi ilimitado.

En las décadas precedentes la situación de las culturas indígenas, lejos de mejorar, fue a peor. La apertura de la región a las inversiones extranjeras intensificó la explotación sistemática del medio natural y de sus pobladores nativos. En Brasil, durante la década de los sesenta se lanzó un vasto programa de inversiones en la Amazonia, cuyo resultado más palpable fue la construcción de una extensa red de carreteras a través de la selva para abrir el territorio a las empresas, los hacendados, los colonos hambrientos de tierra y los especuladores. El resultado: deforestación, enfrentamientos con las comunidades indígenas, enfermedades y muerte. Fueron muchas las tribus que se extinguieron debido a las epidemias, que causaron entre un 30 y un 90 por ciento de mortalidad.

La invasión incontrolada de las tierras indígenas ha producido unos efectos devastadores. En 1900, existían en Brasil 230 grupos tribales, de los que 87 habían desaparecido cincuenta y siete años más tarde. Muchos grupos han sido exterminados sin que apenas quede de ellos más que el recuerdo. En Brasil, según algunas estimaciones, se extingue un promedio de una tribu cada año desde 1900.

Sin embargo, a pesar de tan entristecedor cuadro, aún hay algunos motivos para la esperanza. En Brasil, por ejemplo, se estima que todavía son habladas cerca de 170 lenguas diferentes por dos centenares de pueblos, lo que forma unas 250.000 personas. Se piensa que algunos de estos grupos, hasta unos 40, todavía no han sido *contactados*. Desde hace unas tres décadas, diversas organizaciones y grupos sociales están presionando a los gobiernos para llevar a cabo acciones de entendimiento con los pueblos indígenas, lo que redunda en programas educativos y, principalmente, legislativos. En este sentido, el factor principal es reconocer el derecho indígena a la propiedad de la tierra, de forma que no ésta no les pueda ser usurpada por los latifundistas.

Pero la principal ayuda para el mundo indígena no es externa, sino interna. Las comunidades tienden a organizarse en federaciones nacionales para defender más eficazmente sus derechos, luchando por su propio desarrollo económico, social y cultural. Poco a poco ven reconocidos sus derechos básicos, como el de ser considerados libres, el de disfrutar de igualdad con respecto al resto de la sociedad y el de practicar sus propias costumbres y enseñarlas a sus hijos. Sin duda, no todo está hecho y el camino por recorrer aún es largo, pero lo ya trazado permite mantener la esperanza de que se establezcan nuevas relaciones entre las comunidades indígenas y las sociedades nacionales, basadas en el respeto y el reconocimiento mutuos, lo que sin duda redundará en el beneficio de ambas.

GLOSARIO

Caribe

Aon. Pequeño perro mudo, cuya carne era consumida. Fernández de Oviedo: *hay unos perrillos pequeños, gozques, que tienen en casa, de todas las colores de pelo que en España los hay; algunos bedijudos y algunos rasos, y son mudos, porque nunca jamás ladran ni gañen, ni aúllan, ni hacen señal de gritar o gemir, aunque los maten a golpes.*

Areito/areyto. Baile y canto colectivo taínos, de significación ritual, que incluye también representaciones dramáticas. Fernández de Oviedo: *Y así lo cantan en sus cantares, que ellos llaman areitos.*

Barbacoa. Parrilla, sistema para asar carne, pescado u otros tipos de alimento. Fernández de Oviedo: *ásanlos sobre unos palos que ponen, a manera de parrillas o trébedes, en hueco, que ellos llaman barbacoas. También recibe este nombre un piso en alto de tablas de palma, en el que se guardan frutos o granos, así como unos andamios sobre los que los muchachos vigilaban las cosechas.*

Batey. Plaza central del poblado, en la que se celebraban ceremonias públicas, como el juego de pelota o los areitos.

Behique/bohique. Médico, chamán, especialista religioso. Pané: *Cuando alguno está enfermo, le llevan el behique, que es el médico.*

Bohío/buhío. Vivienda de planta generalmente circular, construida con troncos de madera y techumbre de hojas de palma. Fernández de Oviedo: *En la isla Española hay otra manera de casas, que son hechas a dos aguas, y a éstas llaman en Tierra-Firme bohío.*

Burén. Plato llano y redondo de barro, usado para elaborar el cazabe. Fernández de Oviedo: *(...) ponen al fuego una cazuela de barro llana, del tamaño que quieren hacer el pan, y está muy caliente.*

Cabuya. Cuerda fina usada para la pesca. Fernández de Oviedo: *De ciertas hojas de una yerba, que es de la manera de los lirios o espadaña, hacen estos hilos de cabuya.*

Cacique. Jefe o señor principal. Del taíno *kasiquá*, «que tiene casa». H. Colón: *Vieron a uno que tuvo el Almirante por gobernador de aquella provincia, que llamaban cacique.*

Caney. Vivienda del cacique, ocasionalmente rectangular, con techo de dos aguas y una marquesina frontal.

Canoa. Embarcación ligera, hecha del tronco de un árbol, generalmente estaban hechas de ceiba, caoba o guayacán. H. Colón: *Halló una caleta, en que vido cinco muy grandes almadías que los indios llaman canoas.*

Cazabe/cazabi/casabe. Pan de Indias, elaborado a partir de la yuca amarga, el principal alimento indígena. H. Colón: *Si traían hogazas del pan que llamaban cazabe, hecho de raíces de hierba ralladas, se les daban dos o tres cuentas de vidrio verdes o coloradas.*

Cemí/zemí/zeme. Figura de piedra o madera, representación de la divinidad. Pané: *Cada uno, al adorar los ídolos que tienen casa y les llaman cemíes, guarda un modo particular y superstición.*

Ciba. Pequeña piedra, cuenta. Pané: *Las cibas son piedras que semejan mucho al mármol, y las llevan atadas a los brazos y al cuello.*

Cibucán. Exprimidor de fibra vegetal, utilizado para elaborar el cazabe. Fernández de Oviedo: *(...) y para hacer pan [de yuca], que llaman cazabe, rállanla, y después aquello rallado, extrújanlo en un cibucan, que es una manera de talega, de diez palmos o más de luengo, y gruesa como la pierna, que los indios hacen de palmas, como estera tejida (...).*

Coa. Herramienta agrícola, palo cavador utilizado para sembrar. Fernández de Oviedo: *(...) y toma el indio un palo en la mano, tan alto como él, y da un golpe de punta en tierra y sácale luego, y en aquel agujero que hizo echa con la otra mano siete o ocho granos poco más o menos del dicho maíz (...).*

Cohoba. Polvo alucinógeno de uso ritual, utilizado en la ceremonia del mismo nombre, con la que se pretende comunicar con el cemí para realizar una curación, adivinar el futuro, etc. Pané: *Y para purgarse toma cierto polvo, llamado cohoba, aspirándolo por la nariz, el cual les embriaga de tal modo que luego no saben lo que se hacen; y así dicen muchas cosas fuera de juicio, afirmando que hablan con los cemíes, y que éstos les han dicho de dónde provino la enfermedad.*

Conuco. Labrantío, campos destinados para el cultivo. Pané: *(...) habiendo ido Yaya a sus conucos, que quiere decir posesiones (...).*

Corí. Animal pequeño, similar al conejo. Fernández de Oviedo: *(...) los cories son como conejos o gazapos chicos, y no hacen mal, y son muy lindos, y haylos blancos del todo, y algunos blancos y bermejos y de otras colores.*

Duho/dujo. Asiento de piedra o madera, usado por los caciques y principales. H. Colón: *Y allí les hicieron sentarse en ciertos banquiellos hechos de una pieza, de extraña forma, semejantes a un animal que tuviese los brazos y las piernas cortas y la cola un poco alzada, para apoyarse, la cual era no menos ancha que la silla, para la comodidad del apoyo; tenían delante una cabeza, con los ojos y las orejas de oro.*

Guaiza. Amuleto antropomorfo.

Guanín. Medallón de oro. H. Colón: *Viendo que éramos gente de paz, mostraban gran deseo de nuestras cosas a cambio de las suyas, que son armas, mantas de algodón, camisetas de las dichas, y aguilillas de guanines, que es oro muy bajo, que traían colgado al cuello, como nosotros llevamos el* Agnus Dei, *u otra reliquia.*

Guayo. Rallador, generalmente de piedra y de forma campanada, utilizado para rallar la pulpa de la yuca en la elaboración del pan cazabe.

Hamaca. Cama confeccionada con algodón, en forma de red, que cuelga por sus dos extremos. De las Casas: *Duermen en unas como redes colgadas, que en lengua de la isla Española llamaban hamacas.*

Hico/jico. Cuerda con la que se atan los extremos de la hamaca. Fernández de Oviedo: *[atan la hamaca] con cuerdas o sogas de algodón, que llaman hicos, y queda la cama en el aire.*

HURACÁN. Gran vendaval o tempestad. Fernández de Oviedo: *(...) cuando el demonio los quiere espantar, promételes el huracán, que quiere decir tempestad; la cual hace tan grande, que derriba casas y arranca muchos y muy grandes árboles.*

HUTIA/JUTIA. Especie de roedor. Fernández de Oviedo: *(...) las hutias son casi como ratones, o tienen con ellos algún deudo o proximidad (...).*

MACANA. Garrote de madera, usado como arma. Fernández de Oviedo: *La macana es un palo algo más estrecho que cuatro dedos, y grueso, y con dos hilos, y alto como un hombre, o poco más o menos, según a cada uno place o a la medida de su fuerza, y son de palma o de otras maderas que hay fuertes, y con estas macanas pelean a dos manos y dan grandes golpes y heridas, a manera de palo machucado; y son tales, que aunque den sobre un yelmo harán desatinar a cualquiera hombre recio.*

MAYOHUACA'N. Tambor tradicional taíno, utilizado en los areitos. Pané: *(...) tañen cierto instrumento que se llama mayohavao, que es de madera, hueco, fuerte y muy delgado, de un brazo de largo, y medio de ancho. La parte de donde se toca tiene la forma de tenazas de herrador, y el otro lado semejante a una maza, de modo que parece una calabaza con el cuello largo. Este instrumento que ellos tañen hace tanto ruido que se oye a distancia de una legua y media.*

NABORÍA. Sirvientes, vasallos. Fernández de Oviedo: *Naboría es un indio que no es esclavo, pero está obligado a servir aunque no quiera.*

NAGUA. Vestimenta femenina de algodón, que cubre desde la cintura hasta las rodillas o los tobillos. Fernández de Oviedo: *Son unas mantas cortas de algodón, con que las indias andan cubiertas desde la cinta hasta las rodillas.*

Nitaíno. Noble o señor, miembro del grupo privilegiado y asistente del cacique. H. Colón: *También dicen otro nombre por grande que llaman Nitayno; no sabía si lo decían por hidalgo o gobernador o juez.*

Piragua. Barco largo, lancha guerrera. Acosta: *En ninguna tierra de Indias se han hallado navíos grandes, cuales se requieren para pasar golfos grandes. Lo que se halla son balsas o piraguas o canoas, que todas ellas son menos que chalupas.*

Tabaco. Planta para uso medicinal y religioso, cuyas hojas secas se enrollaban y quemaban, aspirando el humo por la boca. De las Casas: *Hallaron estos dos cristianos (...) hombres con un tizón en las manos y ciertas hierbas para tomar sus sahumerios, que son unas hierbas secas, metidas en una cierta hoja seca también, a manera de mosquete hecho de papel de los que hacen los muchachos la pascua del Espíritu Santo; y encendida por una parte de él, por la otra chupan o sorben o reciben con el resuello para adentro aquel humo; con el cual se adormecen las carnes y cuasi emborracha, y así dicen que no sienten el cansancio. (...) Estos mosquetes, o como los llamaremos, llaman ellos tabacos.* Fernández de Oviedo indica que el término tabaco no designaba a la planta, sino a la caña con la que se aspiraba el humo.

Trigonolito. Ídolo tallado en piedra, de tres puntas.

Uicu. Bebida fermentada elaborada a partir de la yuca.

Yucayeque/yukayeke. Poblado, asentamiento, organizado en torno a una gran plaza central llamada batey.

Amazonia

Caatinga. Palabra del idioma tupi, significa selva blanca. Designa la típica vegetación de selva degradada, con un bosque bajo de especies arborescentes, gramíneas y xeró- fitas. La caatinga se extiende por los estados del nordes- te brasileño, de Maranhão al norte de Minas Gerais, cerca de un millón de kilómetros cuadrados. En el pasado la caatinga fue muy devastada, debido a la explotación intensiva de la leña para combustible y a la ausencia de replantaciones. Los suelos son con mucha frecuencia rasos y muy pedregosos. *(Ver también sertao.)*

Caboclo. Nombre que recibieron durante los primeros años de la conquista los indígenas agricultores del Brasil. Después fue usado para designar a los mestizos de blanco y amerindio, quienes formaban la mayor parte de la pobla- ción rural agrícola. Actualmente, se usa para nombrar a los campesinos de clase baja de cualquier raza.

Cachimbo. Pipa tubular, usada para consumir tabaco en un contexto ritual.

Carimbo. Sello o pintadera de barro, utilizada a modo de tampón para realizar impresiones ornamentales sobre el cuerpo, con motivo de determinadas celebraciones.

Curare. Sustancia extraída de las cortezas de determi- nadas especies del género *Strychnos toxifera*, que crece en las cuencas del Amazonas y Orinoco. Se trata de una masa pastosa y de color pardo, utilizada por los nativos para untar con ella las puntas de flechas y dardos. Usado en la caza, el curare paraliza el sistema nervioso del animal, comenzando por las extremidades, siguiendo por la cabeza y el tronco y, finalmente, paralizando el corazón.

Garimpeiro. En la Amazonia brasileña, minero, buscador de oro y piedras preciosas.

Genipa. *Genipa americana* L. Árbol de tamaño medio también conocido como genipapo, huito o jagua, entre otros muchos nombres. Se distribuye por las tierras comprendidas entre México y Sudamérica tropical. El jugo de la fruta verde fue usado por diversas poblaciones indígenas americanas para teñirse el cuerpo. Al ser expuestas al sol, las zonas en las que se aplicaba el tinte tomaban un color negro durante doce o quince días. Algunos pueblos de América del Sur mantienen esta costumbre.

Igapós. Bosque inundado, formado por vegetación arbórea que permanece bajo aguas entre nueve y diez meses. El bosque es muy rico en especies, con árboles que pueden alcanzar los 20 metros de altura.

Kruturam. Adorno colgante de los kayapo, pueblo de la Amazonia central. Es un adorno representativo del poder social y político.

Kwarúp. Se trata de uno de los más importantes rituales de los pueblos del Xingu. La ceremonia contiene un conjunto de rituales a través de los que se rinde homenaje a los parientes fallecidos y se realiza la famosa lucha *huka-huka*.

Maloca. Vivienda comunitaria entre algunos grupos indígenas del Amazonas y de otras regiones de América del Sur. Generalmente de gran tamaño, guarda a su vez una importancia social, religiosa y ritual, siendo considerada el centro del universo. La maloca tradicional podría albergar hasta doscientas personas.

Muirakitá. Colgante en forma de rana. Se trata de figurillas que se llevaban puestas o bien que se colgaban del interior de las viviendas.

Muisak. Los shuar o jíbaro dan este nombre al alma vengativa del enemigo muerto. El alma *muisak* está dentro de la cabeza de la víctima, por lo que intentará escapar para atacar a su asesino. Para evitarlo, la cabeza del enemigo es cortada y reducida. Mediante diversos rituales y danzas, se puede conseguir que la *muisak* favorezca a su propietario.

Quebra-coquinho. Piedra o bloque de rocas cuyo uso constante ha dejado una marca profunda en la parte central más utilizada.

Sambaquis. Del tupi *tamba* (concha) + *ki* (montón). Conchero, nombre indígena para los montículos artificiales de conchas. Se trata de lugares de asentamiento temporal de los grupos humanos prehistóricos (5000-4000 a.C.) y cuya presencia se prolonga hasta el siglo XV. Generalmente en el litoral, estos grupos vivían de la pesca y la recolección de moluscos, con la caza como actividad ocasional. La alimentación intensiva a base de moluscos y su depósito siempre en un mismo lugar dio lugar a estas formaciones.

Sebucan. Exprimidor de la pasta mandioca, utensilio utilizado para extraer el veneno de la yuca. La pasta se introduce en su interior y se retuerce, eliminando el ácido que contiene. (*Ver también tipiti.*)

SERINGA. *Hevea brasilensis,* árbol del caucho. Planta silvestre del Amazonas. Los nuevos usos industriales a partir del siglo XIX acrecentaron el valor y la explotación del caucho, tras haber sido descubierto el procedimiento para vulcanizarlo, lo que produjo un enorme interés económico por la Amazonia. El contrabando inglés de 70.000 semillas y su posterior trasplante a Asia, donde la planta es menos afectada por las plagas, hizo que se sustituyera el caucho amazónico a partir de 1910.

SERINGUEIRO. Cauchero, recolector del látex o la savia del árbol del caucho.

SERTAO. Región semiárida, muy seca, del noreste brasileño, que ocupa unos 700.000 kilómetros cuadrados extendidos por los Estados de Bahía, Alagoas, Sergipe, Pernambuco, Paraíba, Rio Grande do Norte, Ceará, Piauí y Maranhão. La hidrografía es pobre, el régimen de lluvias imprevisible y el suelo pedregoso, con una vegetación arbustiva conocida como *caatinga.*

TANGA. Cubresexo, pieza de vestir femenina. Son muy conocidos los ejemplares de cerámica encontrados en el Marajó.

TAPIRAGEM. Proceso de transformación de las plumas de los pájaros, principalmente el papagayo, practicado por algunos pueblos indígenas del Brasil, como los tupinambá o los mundurucú. Consiste en arrancar las plumas al ave e inocular en su piel cierta sustancia natural, consiguiendo que las plumas nuevas salgan con un color diferente.

TIPITI. *Ver sebucan.*

TSANTSA. Nombre que dan los jíbaro o shuar a las cabezas reducidas.

URUCU. *Bixa orellana L.* Árbol o arbusto también conocido como achiote, annato, achote o bija. Planta originaria de América tropical, de tres a diez metros de altura. Con sus semillas se obtiene un tinte, así como una especia muy utilizada en la cocina mexicana.

VÁRZEA. Llanura de inundación de la Amazonia brasileña, tierras bajas encharcadas caracterizadas por el bosque denso. El nombre designa a las áreas inundables que se extienden a lo largo de los ríos de la Amazonia, que albergan los suelos de mejor calidad, siendo la parte más habitada y explotada del bosque. La inundación se prolonga durante la estación lluviosa, cuatro o cinco meses. En la llamada mata de várzea crecen grandes árboles como el cumumaru-de-cheiro y el palo-mulato.

WAIPA. Anillo-cepo. Utensilio típico de los kayapo, del Estado de Pará (Brasil). Usado en las ceremonias de boda, el novio introducía un dedo en el interior, que quedaba apresado al tirar del extremo. También se usa en las cacerías, sujetando a animales como el armadillo.

BIBLIOGRAFÍA

Pueblos del Caribe

ALCINA FRANCH, J.: *Arte precolombino*, Alhambra, Madrid, 1987.

ALONSO SAGASETA, A.: «Caribe», en A. Alonso et al., *Las otras Américas*, volumen 21, Historia de la Humanidad, Arlanza Ediciones, Madrid, 2000, pp. 5-18.

ANGLERÍA, PEDRO M. DE: *Décadas del Nuevo Mundo*, Polifemo, Madrid, 1989.

BATALLA ROSADO, J. J.: *El área cultural antillana o circumcaribe. Los taínos y caribes*, en Pérez, B., Batalla, J. J. y Cruz, A., *América precolombina*, Historia Universal, Edimat, Madrid (en prensa).

BENZONI, G.: *Historia del Nuevo Mundo*, Alianza, Madrid, 1989.

CASAS, FRAY B. DE LAS: *Apologética historia*, Atlas, Madrid, 1958.

COLÓN, C.: *Diario de a bordo*, edición de L. Arranz, Dastin, Madrid, 2000.

COLÓN, H.: *Historia del Almirante*, edición de L. Arranz, Dastin, Madrid, 2000.

FERNÁNDEZ DE OVIEDO, G.: *Historia General y Natural de las Indias*, edición de J. Pérez de Tudela, Atlas, Madrid, 1992.

LÓPEZ DE GÓMARA, F.: *Historia General de las Indias*, 2 volúmenes, Orbis, Barcelona, 1985.

MÁRTIR DE ANGLERÍA, P.: *Décadas del Nuevo Mundo*, Polifemo, Madrid, 1989.

Pané, Fray Ramón: *Relación acerca de las antigüedades de los indios*, Siglo XXI editores, México, 1985.

Veloz Maggiolo, M.: *La isla de Santo Domingo antes de Colón*, Banco Central, República Dominicana, 1993.

— «Las sociedades originarias del Caribe», *Las sociedades originarias*, volumen I, Historia General de América Latina (T. Rojas Rabiela, dir.), Trotta/Unesco, París, 1999, pp. 571-586.

— Sumario de la Natural Historia de las Indias, edición de M. Ballesteros, Dastin, Madrid, 2002.

Pueblos de la Amazonia

Alonso Sagaseta, A.: «La región amazónica», en A. Alonso, et al. *Las otras Américas*, volumen 21, Historia de la Humanidad, Arlanza Ediciones, Madrid, 2000, pp. 20-31.

Carvajal, Fray G. de; Arias de Almesto, P. y de Rojas, A.: *La aventura del Amazonas*, Dastin, Madrid, 2002.

Díaz Maderuelo, R.: *Los indios de Brasil, un mito permanentemente actualizado*, Alhambra, Madrid, 1986.

Laraia, R. B.: *Los indios de Brasil*, Mapfre, Madrid, 1993.

Lévi-Strauss, C.: *Tristes trópicos*, Paidós, Barcelona, 1988.

Meggers, B. J.: *Amazonia, un paraíso ilusorio*, Siglo XXI editores, México, 1976.

Melatti, J. C.: *Los indios del Brasil*, Sep/Setentas, México, 1973.

Ribeiro, D.: *Fronteras indígenas de la civilización*, Siglo XXI, México, 1971.

Rubio Recio, J. M.: *El Amazonas, el infierno verde*, Anaya, Madrid, 1988.

Staden, H.: *Verdadera historia y descripción de un país de salvajes desnudos*, Argos Vergara, Barcelona, 1983.

VV.AA.: *Culturas indígenas de la Amazonia*, Catálogo de la exposición celebrada en 1986, Comisión Quinto Centenario.